SOUVENIRS

D'UN ZOUAVE

h

(1)

Abbeville — Imp. P. Briez

SOUVENIRS

D'UN

ZOUAVE

(CAMPAGNE D'ITALIE)

MONTEBELLO, PALESTRO, TURBIGO, VARÈSE

PAR

LOUIS NOIR

... Et quorum pars parva fui.
(VIRG.)

PARIS

ACHILLE FAURE, LIBRAIRE-ÉDITEUR

23, Boulevard Saint-Martin, 23

1866

AVANT-PROPOS

Notre intention n'a jamais été de faire de l'histoire, mais de la chronique ; l'histoire affecte des allures trop graves, trop solennelles pour descendre dans les détails qui colorent et vivifient le récit ; souvent menteuse dans sa majesté, elle est ordinairement incomplète; est toujours elle défigure les faits et les personnages, en les tronquant par un dédain de parti pris pour certains traits en apparence secondaires, mais qui donnent aux choses et aux hommes leur véritable cachet leur physionomie réelle.

Nous voulons faire connaître l'armée telle qu'elle est, décrire les batailles *telles qu'elles sont* ; on s'explique mal nos succès, quand les mœurs, les qualités, les défauts mêmes de nos soldats sont inconnus.

Nous avons eu notre modeste part des luttes que nous voulons peindre ; nous parlerons *de visu*.

1

Trop d'auteurs d'un incontestable mérite, trop d'historiens même des plus illustres, ont raconté des batailles sans avoir jamais assisté à la plus petite affaire ; nous en connaissons, et des meilleurs, qui ne se doutent guère de la façon dont on aborde une division à la baïonnette ; ils ont fait de belles œuvres littéraires, la réthorique peut trouver son compte dans ses fictions brillantes; mais ce sont des fables qui donnent la plus fausse idée de la guerre.

Qu'il soit donc permis à un zouave de raconter les expéditions dont il fut ; s'il ne fait pas de tableaux d'art plus ou moins fantaisistes, du moins est-il certain de présenter au lecteur des photographies militaires brutales peut-être, mais fidèles.

Notre récit débute par une description minutieuse de ce que sont les régiments de zouaves, sur lesquels tant de fables absurdes ont couru ; nous espérons avoir fait la monographie exacte de ce corps célèbre. A mesure que s'en présentera l'occasion, nous esquisserons aussi le portrait des autres types d'armée.

SOUVENIRS D'UN ZOUAVE

(CAMPAGNE D'ITALIE)

.... Et quorum pars parva fui

MONTEBELLO, PALESTRO, TURBIGO, VARÈSE

CHAPITRE PREMIER

LE ZOUAVE (Type)

Le zouave dans ses rapports avec la cuisinière bourgeoise. — Le bourgeois de Moliuchart. — Changements à vue. — Recrutement; esprit de corps ; mœurs, us et coutume. — Le café forgeron. — Les bohèmes militaires. — Un vieux singe. — Le père Simoün. — Vlan c'est un détail.

Les zouaves se sont fait, en Afrique, en Crimée et en Italie, un tel renom de bravoure, que la plupart des puissances, y compris l'Amérique, ont essayé d'appliquer leur organisation à quelques-uns de leurs régiments.

L'épreuve ne peut réussir complétement, par la raison que le zouave est un produit exclusif du sol gaulois. De même que, d'après la recette si connue: pour faire un civet il faut d'abord un lièvre; pour faire un vrai zouave il faut d'abord un Français.

En outre, il est très-difficile d'imiter ce que l'on connaît mal, et, quoique l'on ait beaucoup écrit sur les corps spéciaux d'Afrique, on n'a encore sur eux que des idées incomplètes, souvent fausses, à l'étranger et même en France.

Interrogez un Croate de Palestro ou de Magenta, il vous répondra:

— Les zouaves sont des soldats algériens, noirs, poussant des cris effroyables, aimant le carnage ; en un mot, de vrais tigres !

Si au contraire vous vous adressez à un Tyrolien blessé, et fait prisonnier à Solférino, il vous répondra :

— Les zouaves m'ont pansé, nourri, soigné, consolé ; ce sont de vrais agneaux.

Un général de vieille souche dira :

— Les zouaves ! braves régiments; mais indisciplinés, sans tenue, manœuvrant déplorablement, ne sachant même pas marcher au pas. Impossible de s'en servir dans une guerre régulière.

Un colonel de trente ans dira :

— Quels soldats !... cela ne craint ni l'eau, ni le feu ; ni le froid, ni le chaud ; ni balles, ni boulets ; ça ne dort jamais ; ça ne boit pas, ça ne mange pas ; ça porte un sac énorme, et ça court comme des gazelles. Vous avez une brigade ennemie devant vous ; lancez un bataillon de zouaves; dix minutes après, pas plus de brigade ennemie que sur ma main. On dirait qu'un ouragan l'a balayée.

Un bourgeois de Molinchart dira : « Ils se battent « bien, ces zouaves, soit! Mais ils se grisent dans les « cabarets, font du bruit dans les cafés, et mettent « leur bonnet rouge d'une manière trop tapa- « geuse. »

Un ouvrier dira : « Le zouave, c'est un bon vivant fini, le cœur sur la main. »

Un zouave arrive en congé dans sa petite ville. La jeune fille dira d'abord : « Il me fait peur, » puis trois jours plus tard, elle se rend bras-dessus, bras-dessous au bal avec l'Africain.

Lorsqu'il part, elle pleure; et il n'est pas impossible qu'elle le rejoigne à Oran ou à Constantine.

Interrogez trente soldats, trente avis différents :

— « Le zouave, c'est pas plus malin qu'un autre. » Ou bien : « Le zouave, c'est un crâne lapin. » Et ainsi de suite.

D'où viennent ces contradictions?

C'est que le zouave est un vrai Protée, changeant d'aspect selon les temps et les lieux.

Coquet, élégant, dans les rues d'Alger il pousse jusqu'à ses dernières limites ce qu'en termes militaires on appelle le *chic*. Ses guêtres collent à la jambe et au soulier sans faire un pli; son turban s'enroule avec grâce et noblesse autour de son front rasé; sa ceinture bleue serre sa taille comme un corset emprisonne les hanches d'une jolie femme; il marche avec l'allure conquérante d'un mousquetaire gris en bonne fortune.

Au contraire, voyez-le dans un camp : le brillant militaire a disparu sous un pantalon de toile troué en cent endroits; sous un chapeau immense, de forme impossible; sous une barbe que le rasoir n'a pas fauchée depuis six mois ; sous une blouse ornée de franges; sous un paletot en lambeaux ou une casaque taillée dans les débris d'un burnous; sous une loque, n'importe de quelle espèce ; enfin une pipe à très-courte tige flambe à ses lèvres, au lieu du fin cigare de la Mouzaïa; et ses pieds sont enfouis dans des galoches indescriptibles.

Quantum mutatus ab illo!

Mais quelle que soit son costume, écoutez-le pérorant dans un café : vous serez souvent étonné de son instruction, de son langage correct, de sa phrase même un peu prétentieuse à l'occasion. Sa conversation sent le collége, et elle est parsemée de citations classiques.

Mais rentrez au quartier avec lui :

Les métaphores de deux marchandes à la criée seront pâles, incolores, en comparaison de la langue qui vibrera à vos oreilles, s'il lui plaît de changer de réthorique.

Pourtant si la forme varie, le fonds reste toujours le même ; c'est une statue de bronze qu'on peut draper de cent façons, sans que le métal perde rien de la rigueur de ses contours.

En Algérie, en Crimée, en Italie, au Mexique, ce sera toujours la même tête aux joues amaigries, aux lèvres railleuses, au regard étincelant d'audace et d'intelligence ; ce qui vous frappera surtout, c'est un pli au milieu du front, contracté souvent au milieu du danger.

Tous les zouaves du reste ont un air de famille ; de même que l'on dit de quelqu'un : « Il a le profil grec ou romain, » on peut dire : « Voilà une tête de zouave. »

Il faut une force bien puissante pour altérer ainsi et refondre au même moule les traits des Bretons, des Lorrains, des Flamands, des Parisiens, des Bordelais, des Alsaciens qui viennent former les corps spéciaux de l'Algérie : cette force, c'est l'esprit de corps.

De tout temps, l'esprit de corps a opéré d'étonnantes transformations ; mais jamais son action ne s'est fait sentir aussi efficacement que parmi les zouaves ; excepté peut-être dans la compagnie de Jésus.

Le climat de l'Algérie contribue encore à donner un cachet particulier au zouave : tout Européen qui débarque à Alger est bientôt comme le fer rouge sous le marteau du forgeron ; le soleil chauffe à blanc tout son être, et les passions exaltées façonnent cette matière en fusion.

L'usage du café (deux litres par jour au moins) achève l'œuvre du climat.

Cette liqueur tient constamment en éveil le cerveau : de là la brillante imagination des zouaves. Sur le corps, elle agit comme la trempe sur les métaux.

Voilà donc déjà trois agents énergiques qui contribuent à former les zouaves : l'esprit de corps, — le climat, — le café.

. Mais il faut dire aussi que les hommes soumis à leur action ne sont pas choisis au hasard. On ne recrute pas un régiment de zouaves en y envoyant chaque année un contingent de conscrits.

Tout zouave est entré dans ce corps par vocation et volontairement ; c'est un grand point.

Parmi les éléments divers qui constituent les corps spéciaux d'Afrique, il y a d'abord l'engagé volontaire. Tantôt c'est un esprit ardent et précoce, un cœur passionné qui rêve de gloire à dix-sept ans.

D'autres fois c'est un bohême las de la vie, qui préfère au suicide la mort des champs de bataille. En Afrique, il retrempe vite son âme aux émotions de la guerre.

C'est parfois aussi un étudiant intelligent, mais plus fait pour la vie active des camps que pour l'existence casanière de l'étude ou du bureau.

Enfin l'engagé est presque toujours un être déclassé qui ne regrette rien derrière lui et se trouve admirablement préparé pour les aventures.

Voilà déjà une partie du contingent annuel.

L'autre est fournie par les militaires des autres régiments que fatiguent les allures monotones des garnisons, les gardes, les corvées, les exercices et les revues.

A chaque inspection trimestrielle, ceux à qui cette existence tout à la fois oisive et surchargée de besogne a donné le spleen, demandent à aller se guérir en Afrique, où ils trouvent un aliment à leur activité fiévreuse.

Enfin certains caractères vigoureux, débordant de séve, étouffant dans les liens trop étroits de la discipline, usant leur énergie à lutter contre le réglement et l'autorité des officiers, commettent un jour quelque grave'insubordination.

Ils sont condamnés par un conseil de guerre à l'une des peines sévères édictées par le code militaire contre les atteintes à l'autorité. C'est l'enfer de la carrière des armes.

A l'expiration de la peine, ils font quelque temps de purgatoire dans les bataillons disciplinaires, et après cette transition sont envoyés aux zouaves.

Ici, la discipline, bien plus rude qu'ailleurs pour toutes les choses vraiment sérieuses, est très-douce et très-paternelle pour les détails sans importance. Si la moindre négligence en face de l'ennemi est punie avec une sévérité draconnienne; en revanche, un manquement à l'appel passe presque inaperçu.

Tels sont les divers éléments dont se compose un régiment de zouaves.

On le voit, il ne suffit pas d'affubler le premier bataillon venu d'un turban pour réaliser le type que nous esquissons. On pourra faire à l'étranger d'ex

1.

cellents soldats, aussi braves, aussi bien instruits
que possible; mais on n'aura pas de zouaves.

Un vieux *chacal*, (c'est le surnom des zouaves), disait un jour à l'occasion des tentatives d'imitations
à l'étranger : « Toutes et quantes fois qu'un soldat,
« comme l'Anglais, le Russe et l'Autrichien se laisse
« flanquer des coups de schlague par ses caporaux,
« ce soldat-là ne fera jamais un zouave. »

Une des principales vertus du soldat d'Afrique,
c'est l'énergie avec laquelle il défend les traditions
du corps dont il fait partie.

Il fera vingt lieues, il supportera la faim, la soif;
il subira des souffrances inouïes avec un héroïsme
admirable; quelque sacrifice qu'exige la victoire, il
l'accomplira.

Mais il se raidit contre toute injustice, contre tout
abus de pouvoir ; les officiers, sortant presque tous
des rangs du régiment partagent ces idées, et il en
résulte une sorte d'opinion publique qui finit toujours
par triompher.

C'est aux zouaves surtout qu'un colonel est le
père de ses soldats.

Le brave général Clerc, par exemple, mort à Magenta, s'était passionné pour le 2e régiment de cette
arme ; il s'était identifié avec lui, et il le défendait à
outrance contre tous les actes arbitraires, dont ses
hommes croyaient avoir à se plaindre.

Il fallait le voir tempêtant contre les fournisseurs,
quand les vivres étaient réputés mauvais, réclamant

lorsque les récompenses, croix ou médailles, lui semblaient accordées trop parcimonieusement, en un mot, toujours en lutte avec ses supérieurs pour améliorer le sort des zouaves.

Un général, qui cependant appréciait les soldats d'Afrique, prononça sur leur compte dans un moment de mauvaise humeur un mot, qui parut blessant.

Le colonel Clerc brisa son épée et jura qu'il donnerait sa démission si le mot n'était pas retiré.

Il le fut.

Le zouave est très-railleur. Il donne volontiers des sobriquets à tous ses chefs, à commencer par le maréchal Bugeaud, qu'il avait surnommé le père la Casquette.

Un aide-de-camp apprit à son général que les zouaves l'appelaient Gueule-de-Loup. Cet officier supérieur vint se plaindre au colonel Clerc. Celui-ci ne put s'empêcher de rire.

— Consolez-vous, dit-il ; ils se feraient hacher pour moi, et pourtant ils m'appellent *Vieux-Singe*.

Le général rit à son tour, il était consolé.

— Voyez-vous, ajouta le colonel, ce sont là de petits noms d'amitié.

Tous les généraux n'aiment pas les zouaves, tous ne savent pas également s'en servir, tous aussi ne leur inspirent pas la même confiance.

Pour les conduire au feu, il faut une main habile, un coup d'œil sûr et rapide, une grande promptitude de jugement ; du reste, comme le disait le maréchal Bosquet : « Les zouaves ! c'est de la cavalerie à pied ; et n'est pas qui veut général de cavalerie ; il faut des aptitudes spéciales. »

Dans une expédition on plaça un bataillon de zouaves sous les ordres provisoires d'un officier excellent, mais étranger à la tactique de ce corps.

Il prit ses dispositions pour enlever un mamelon couvert de Kabyles, il forma les zouaves en colonne serrée, au lieu de les lancer en tirailleurs en les abandonnant à leur initiative.

— Vous nous ferez *abimer*, dirent les zouaves, qui n'en marchèrent pas moins résolûment.

Ils ne s'étaient pas trompés.

Les zouaves *vont* à certains chefs comme la cavalerie légère *allait* à Murat, et l'artillerie au général Drouot.

Il y a réciprocité. Certains généraux ne *vont* pas du tout aux zouaves.

Ce sont ceux qui ne savent pas oublier, au milieu des fatigues et des souffrances de la guerre, les habitudes de la garnison ; ceux qui surchargent le soldat de revues, d'appels, d'inspections ; ceux enfin que le *père la Casquette* renvoyaient en France avec cette note : « Incapable pour la guerre d'Afrique. »

Il est une locution commune aux officiers africains, c'est que le *réglement n'a jamais passé la mer.*

On ne pourrait l'appliquer en effet dans toutes ses rigueurs, et une des principales conditions de succès dans la guerre algérienne, et généralement même dans les combats modernes, consiste à laisser aux soldats le plus de liberté et d'initiative possible.

Le temps des baïonnettes inintelligentes est passé. Quelques chefs se sont raidis en vain contre cette vérité.

Il fut un général, nouveau venu en Afrique, qui eut beaucoup de peine à prendre son parti des us et coutumes des zouaves.

Brave homme, mais inflexible d'abord sur la théorie, il connaissait à fond toutes les décisions ministérielles concernant les détails d'uniformes et le service intérieur.

Feu Nicolas, l'empereur de Russie, qui poussa si loin le caporalisme, n'attachait pas plus d'importance que lui aux boutons des guêtres.

Rien ne lui échappait. Il savait, à un gramme près, ce que pesait une botte de fourrage; il eût pu compter les grains de poudre des cartouches. Une revue avait autant d'importance à ses yeux qu'une grande bataille. Quinze jours de prison au sous-lieutenant dont les cheveux n'étaient pas taillés en brosse; un mois au soldat à qui manquait une aiguille dans sa trousse.

Ce brave général avait été envoyé en Algérie pour passer une inspection. Il devait commencer par un bataillon de zouaves qui se trouvaient échelonnes, compagnie par compagnie, pour établir une route à une certaine distance du littoral.

Le premier camp de ces travailleurs était commandé par un capitaine, que ses soldats avaient surnommé le Simoûn ;

Un beau nom qu'il méritait bien ;

Comme ce vent du désert, il était impétueux, irrésistible : il avait une réputation superbe de bravoure.

Quant à la manière dont il administrait sa compagnie, il passait pour le chef le plus débonnaire qu'on pût voir. Il eut tué celui qui eût bronché au feu ; mais pas d'appels inutiles, pas de salle de police pour la moindre peccadile.

Comme particularité, il avait une locution qui peint très-bien son caractère. A chaque instant il répétait : *Vlan ! c'est un détail.*

— Capitaine, venait annoncer un sergent, les Arabes de la tribu voisine sont révoltés ; il y en a un mille au moins qui marchent sur le camp.

— Vlan ! c'est un détail, répondait-il ; faites prendre les armes à mes lascars (soldats), nous allons apprendre la politesse à ces moricauds-là.

Il avait cent hommes, mille Arabes devant lui, mais cela lui était *parallèle.*

— Capitaine, disait un fourrier, il n'y a plus de souliers du tout ; le convoi qui en apportait a été coupé par les Arabes.

— Vlan ! c'est un détail. Mes lascars feront comme leur kébir (chef), ils iront nu-pieds.

Et, au besoin, le capitaine mettrait ses bottes de côté pour donner l'exemple. Tel était le capitaine *Simoûn*, vers le camp duquel se dirigeait le général inspecteur dont il est question,

Ce dernier, connaissant les exploits du capitaine, mais ignorant ses habitudes, le tenait en haute estime. Tout en cheminant avec ses aides-de-camp, son escorte de hussards et un cavalier arabe pour guide, il entretenait son état-major des faits d'armes de la compagnie de zouaves et de son chef.

« — Messieurs, disait-il, vous allez voir des sol-
« dats modèles ; eux et leur vaillant capitaine; ils ont
« opéré dernièrement une retraite de quatre lieues
« au moins, entourés de sept à huit cents Bédouins
« irréguliers.

« Ils n'ont pas perdu dix hommes, et ils ont abat-
« tu une centaine d'ennemis. Jugez s'ils ont dû ma-
« nœuvrer avec précision. Ah ! la manœuvre !
« Messieurs, la manœuvre, quelle belle chose! Le
« monde est à la nation qui sait le mieux manœu-
« vrer! Je les vois d'ici, ces braves zouaves ! pas une
« tache aux uniformes, pas un défaut dans les ali-
« gnements ! »

En devisant ainsi, ils arrivèrent devant une es-
pèce de village composé de cabanes en chaume. Il y avait çà et là quelques tentes inabitées. Le guide arabe conduisait le général de ce côté.

Des chiens de toutes tailles, des chacals apprivoisés, des gazelles privées, des moutons en liberté, un lionceau de deux ans, une magnifique collection de porcs, des poules, des chats, des corbeaux, des animaux de toutes sortes enfin, grouillaient, hurlaient, aboyaient, coassaient au centre de ce village.

Quand le général inspecteur et ses officiers entrèrent dans son enceinte, toute cette ménagerie fut en révolution, et ce fut un sabbat effroyable.

Les chevaux se cabrèrent, deux cavaliers furent désarçonnés ; le général jura, et son état-major fit chorus.

Alors une dizaine d'hommes sortirent des cabanes vêtus de la plus étrange façon.

Les uns avaient des blouses vertes ou bleues, rapiécées de morceaux blancs ; d'autres portaient des bourgerons taillés dans des sacs de toile et sans manches. Plusieurs étaient nus jusqu'à la ceinture, et tenaient à la main, soit une écumoire, soit des haches, soit des couteaux. Quant aux coiffures, il y avait des bonnets de laine blanche, des fez rouges, des chapeaux de feuilles de palmiers et d'alpha, qu'ornaient ou une queue de lapin ou une plume de coq, selon la fantaisie du propriétaire.

Quoique déconcerté, le général inspecteur prit des informations auprès de ces gens bizarrement vêtus, pour savoir où il se trouvait ?

— Au camp des zouaves, mon général, répondit-on.

— Je vois bien un village, mais pas de camp, dit-il.

— Ces cabanes s'appellent des gourbis ; c'est là-dedans que nous logeons.

— Vous êtes donc des zouaves ?

— Oui, mon général.

Le général feignit tomber à la renverse.

— Voilà le kébir, ajouta le zouave auquel il s'était adressé, et qui s'éloigna. Les autres soldats s'étaient déjà retirés.

Le capitaine Simoün s'avançait en effet à la rencontre de son supérieur.

Il portait un large pantalon de treillis, un paletot blanc à capuchon, et il fumait une bonne pipe en racine de bruyère.

Le général n'en pouvait croire ses yeux.

Il se demandait s'il ne rêvait pas, si le démon de l'indiscipline ne le tourmentait point par un affreux cauchemar.

— Vous êtes le capitaine de la compagnie, Monsieur ! demanda-t-il d'un ton irrité.

— Oui, mon général.

— Eh bien je viens pour passer l'inspection. Où sont vos hommes ?

— Au travail.

— Et ceux que je viens de voir ?

— Ce sont les cuisiniers de chaque escouade.

— Faites appeler, tout le monde, Monsieur ; je veux passer ma revue tout de suite, entendez-vous, puis j'adresserai mon rapport au gouverneur.

Une formidable colère grondait dans la poitrine du général, mais il en contenait l'expression.

Le capitaine ne se doutait de rien.

Il appela un clairon.

Celui-ci se présenta avec une brosse de chiendent d'une main et une chemise mouillée de l'autre.

— Sonnez la retraite, pas de course dit le capitaine.

Le clairon s'éloigna à toutes jambes.

— Qu'est-ce que faisait ce clairon avec sa brosse? demanda le général.

— Il blanchissait le linge pour la compagnie, répondit le capitaine.

— Ce n'est pas réglementaire.

— *Vlan! c'est un détail.* Comme il doit rester au camp à cause des alertes, il faut bien qu'il s'occupe à quelque chose et qu'il gagne quelques sous pour boire.

— Qui garde le camp pendant que votre compagnie est au travail?

— Personne.

— Et si on l'attaquait?

— Là-haut sur ce tertre (le capitaine indiqua un mamelon), il y a une vedette. En cas d'alerte, elle a ordre de tirer un coup de fusil. Du point où elle est, on domine la plaine à deux lieues à la ronde. Aussitôt qu'un signal est donné par cette sentinelle, le clairon sonne le rappel et mes lascars reviennent. Ça n'est pas long; tenez, vous allez voir.

En effet, le clairon, ayant atteint le sommet du mamelon, jeta au vent les notes de la retraite, suivies de la modulation rapide du pas de course.

Dix minutes après, une centaine d'hommes se précipitaient dans le camp comme une trombe.

Ils n'avaient rien de l'uniforme des zouaves ; ils portaient en bandoulière des fusils de munition, et à la main des pelles et des pioches ; plusieurs poussaient devant eux des brouettes.

Sans attendre d'ordres, avec une merveilleuse rapidité, ils remuèrent le sol, improvisèrent des fossés, des barricades, et, en un clin d'œil, le camp devint une forteresse fermée de tous côtés.

Le capitaine riait dans sa barbe.

— Ils ont cru, dit-il, que les Arabes approchaient. Voyez-vous, général, les voilà en état de défense.

Les zouaves, en effet, visitaient les amorces de leurs fusils, ajustaient leurs baïonnettes, se groupaient sur les toits des cabanes, sur le sommet des barricades, et attendaient l'ennemi avec une contenance, qui, pour être pittoresque, n'en était pas moins belliqueuse.

Le vieux sang gaulois se réveilla dans le cœur du général : il se fit une révolution dans ses idées.

Il serra la main au capitaine Simoûn et lui dit :

— La tenue de vos hommes laisse bien quelque

chose à désirer, mais ce sont d'excellents soldats pour tout le reste.

— Vlan ! répondit le capitaine, la tenue c'est un détail. Le bataillon de la Moselle se battait en sabots ; mon père en était.

A partir de ce jour, le général fut si indulgent pour les soldats, qu'ils le nommèrent le *père gratification,* à cause des distributions de vin qui suivaient ses revues.

Quant au capitaine Simoûn, il est mort en Crimée.

Un officier russe lui cria :

— Rendez-vous !

— Non, répondit le capitaine Simoûn.

— Vous êtes cerné, reprit le Russe ; rendez-vous, ou vous êtes mort !

— Vlan ! c'est un détail, riposta le capitaine.

Et il tomba pour ne plus se relever.

CHAPITRE II

LE ZOUAVE AU FEU

Bravoure et bravoure ; fagots et fagots. — Avant-garde ; arrière-garde ; retraites. — La baïonnette, charges. — L'Algérie école. — Un éclair de génie. — Un savant mystifié. — D'un canard sérieux ? comment s'envole une volaille rôtie ; le dîner du colonel.

S'il suffisait de ne pas craindre la mort pour gagner des batailles, notre armée pourrait avoir des rivales. Dans maintes circonstances nos adversaires ont montré un courage héroïque. Cependant nos soldats sont reconnus pour les premiers du monde ; il faut donc attribuer cette supériorité, en partie du moins, à la façon intelligente dont ils combattent. Parmi eux, les zouaves se sont attiré une réputation toute particulière de spontanéité ; ce sont les artistes du champ de bataille. Le rôle qu'ils jouent dans une affaire exige des qualités toutes particulières ; ils sont aptes surtout aux coups de main, aux surprises, aux témérités qui décident souvent

du sort d'une journée. Ce sont les soldats d'avant-
garde, les têtes de colonne de l'armée. Leur arme
de prédilection est la baïonnette; ils n'ont dans la
fusillade qu'une médiocre confiance, tant de balles
ont sifflé vainement à leurs oreilles qu'ils méprisent
le plomb et donnent la préférence au fer! Il a été
calculé qu'à Solférino, par exemple, il y avait eu
3,000 coups de fusil de tirés par chaque Autrichien
mis hors de combat. Avec la baïonnette, on est bien
plus sûr du résultat. La tactique favorite des zouaves a été résumée ainsi par le général Clerc : « Se
déployer en tirailleurs, arriver le plus près possible
« de l'ennemi, l'étourdir par une ou deux décharges,
« et l'aborder à l'arme blanche en le tournant par ses
« ailes. »

Le succès a presque toujours couronné cette manœuvre qui aurait cependant de graves inconvénients avec d'autres hommes que les zouaves. En
effet, quand ils s'élancent ainsi, ils sont dispersés,
en désordre, et il semble impossible de les rallier
dans le cas d'une attaque de cavalerie. Mais ces régiments possèdent une telle intelligence des choses
de la guerre, une rapidité d'évolutions si surpre-
nante, une solidité individuelle si grande, qu'une
ligne de tirailleurs, disséminée sur une étendue de
terrain considérable, se transforme en carré dans
l'espace de quelques minutes.

Les officiers, qui ont éprouvé leurs hommes et
savent ce qu'ils valent, leur laissent le plus de li-

berté possible. Au lieu de contrarier par des alignements inutiles leur formidable élan, ils se contentent de les guider sur le point faible de la ligne ennemie.

Du reste, les zouaves ont un instinct tout particulier pour reconnaitre l'endroit vulnérable où doit porter leur effort.

On ne peut se faire une idée de leur fougue sur le champ de bataille qu'après avoir vu un de leurs bataillons charger une division. Ils rampent comme des chats, se glissent de buisson en buisson, derrière les arbres, le long des fossés ; ils avancent, silencieux, confondus avec le sol ; l'ennemi les croit bien loin et marche avec confiance, tout à coup une clameur stridente s'échappe de cinq cents poitrines !... cinq cents coups de feu éclatent en même temps semant la mort et l'épouvante ; presque aussitôt se dressent et bondissent cinq cents hommes qui semblent tombés des nues ; leur choc est irrésistible comme celui d'une locomotive.

A Magenta, deux bataillons du 2e zouaves, lancés contre trois régiments autrichiens, leur tuèrent huit à neuf cents hommes, firent quinze cents prisonniers, s'emparèrent d'un drapeau entier et de la hampe d'un autre. L'ennemi, dans cet engagement, crut avoir affaire à de la cavalerie et se forma en carré.

A Inkerman, les Russes avaient déjà adopté cette manœuvre pour recevoir les charges des zouaves, qui firent dans leurs rangs des trouées *larges comme des maisons*, au dire des témoins oculaires.

Les étrangers éprouvent une grande répulsion pour les engagements corps à corps ; selon l'expression des zouaves, *ils ne sont pas friands de lame* ; ils ne conçoivent que la guerre à coups de fusil. Un colonel autrichien tombé entre nos mains traita très sérieusement les zouaves de bouchers, en les voyant repasser leurs sabres-baïonnettes, ébréchés à la suite d'une mêlée.

Les zouaves ont adopté un cri de guerre d'un effet saisissant ; c'est le cri perçant du chacal ; quand ils le poussent, on n'entend plus ni les clairons, ni le le canon ; les armes tombaient des mains des Tyroliens lorsque cette menace vibrait à leurs oreilles.

La guerre d'Afrique, que l'on connait peu, a été pour les zouaves une rude école ; les marches y sont extrémement pénibles, par 60 degrés de chaleur ; on y est souvent réduit au quart de ration ; on y fait dix ou douze lieues par jour, et l'on y porte un poids énorme. Le soldat a, dans ou sur son sac, ses effets, sa tente, sa couverture, huit paquets de cartouches d'une livre chaque, des vivres pour quinze jours, des ustensiles de cuisine, une pioche ou une hache et une arme de treize livres : en tout, quarante kilogrammes. Parfois il faut doubler l'étape, et souvent on prend encore sur soi pour deux jours d'eau et de bois.

Le zouave met un amour-propre extrême à ne jamais rester en arrière malgré cette charge écrasante; c'est un marcheur hors ligne, qualité essentielle fort prisée des généraux. La guerre est dans les jambes, ont dit le maréchal de Saxe et Napoléon après lui.

On cite un trait presque incroyable du 2e de zouaves. En 1857, ce régiment fit la route d'Oran à Alger, environ cent lieues, et il ne laissa que trois hommes en chemin : les deux premiers avaient la fièvre, le troisième avait été mordu par un serpent, qui fut pris, décapité, rôti et mangé.

La guerre d'Afrique est plus terrible et pour le moins aussi meurtrière que celle d'Europe. En voici une preuve. Le 2e de zouaves, dans l'expédition de Kabylie de 1857, a perdu six cents hommes; — il n'a eu que trois cents tués ou blessés en Italie. Les colonnes expéditionnaires d'Algérie sont si peu nombreuses que les moindres pertes y sont très sensibles. Mais ce qui contribue le plus à donner un caractère redoutable aux combats d'Afrique, c'est la cruauté et la sauvage tactique des indigènes. Ils ne font point de quartier; quand ils ont un prisonnier, ils l'attachent à un arbre, et leurs femmes s'acharnent contre lui. On lui arrache les prunelles, qu'on remplace par des charbons ardents; on lui tire la langue de force et on la lui fixe sous le menton avec des épingles mauresques; on lui arrache les ongles, et on finit ordinairement par le faire périr au milieu des flammes. Nous n'inventons rien. En 1856, dans un retour offensif, on trouva un sergent de la légion étrangère couché sur un brasier: il avait les bras et les jambes coupées!

On peut se figurer, après ces détails authentiques, ce que c'est que la guerre d'Afrique. Il n'est pas possible aux témoins de pareilles scènes de conserver leur sang-froid. Une nuit on vit le sommet d'une montagne s'illuminer; un olivier embrasé se détacha sur la crête. A l'une des branches de cet arbre en feu un Français était accroché, et les indigènes dansaient autour de lui comme les cannibales quand ils rôtissent un captif. Un cri de colère retentit dans l'armée, un bataillon prit spontanément les armes, et il parvint à envelopper les sauvages danseurs. On conçoit que dans un pareil moment ils aient été peu épargnés.

Il n'y a pas de guerre plus féconde en incidents que celle-là; il faut être sans cesse en défiance. Les veilles des sentinelles y offrent des dangers extrêmes; les Arabes savent inventer des ruses qui feraient honneur aux peaux rouges. Pour conserver sa tête, chaque soldat doit avoir la prudence, le coup d'œil et l'énergie du célèbre Bas-de-Cuir, dont Cooper a raconté les exploits.

Lorsqu'un bivouac français est établi au milieu des tribus ennemies, on élève les tentes de façon à former un carré; sur chacune des faces de ce carré, à portée de carabine, on place une grand'garde qui fournit un cordon de sentinelles, espacées de dix en dix pas de façon à entourer tout le camp. De plus, chaque compagnie a rassemblé ses armes en faisceau sur son front de bandière, et un factionnaire relevé d'heure en heure les surveille.

Et pourtant les indigènes trouvent parfois le moyen de pénétrer dans le camp, d'y voler des chevaux, des fusils, et d'y assassiner des soldats.

Pour arriver à leurs fins, ils se *déguisent en buissons*, s'enveloppant le corps de branches de feuillage, et dans cet accoutrement champêtre se dirigent vers les postes avancés. Ils attendent généralement jusqu'à deux heures du matin, avant de s'aventurer trop loin; à ce moment, les vedettes ont les yeux troublés par le sommeil. C'est alors que l'Arabe avance lentement, lentement, toujours confondu avec les broussailles environnantes; il passe sans bruit et va faire son coup de main dans le bivouac. Le retour est plus facile, il connaît le chemin.

Au fait de tous ces stratagèmes, le zouave, bien dissimulé par un obstacle, compte avec soin les arbres, les pierres et les touffes de palmiers qui l'entourent; quand il s'aperçoit que le nombre en est augmenté, c'est qu'il y a un buisson de contrebande dans le voisinage. Alors le cou tendu, l'oreille au guet, la carabine au poing, il laisse approcher son adversaire, qui ne le voit pas non plus derrière son embuscade.

Il y a un moment où l'émotion est poignante : c'est quand l'Arabe n'est plus qu'à deux pas. Le jeu,

la chasse, le duel même n'ont pas d'angoisses aussi
fortes.

Il est impossible de tirer, parce que l'éclair de la
détonation indiquerait à tous les rôdeurs le point où
l'on se trouve ; en un instant on serait criblé de
balles. Il faut absolument se servir de la baïonnette,
et s'en servir adroitement, car, si l'on manque son
homme, il ne vous manquera pas. Lorsqu'au matin
on relève les postes, on trouve souvent des cadavres
sans tête : ce sont de malheureux conscrits qui ont
cédé au sommeil et se sont laissé surprendre.

Les marches sont tout aussi périlleuses que les
factions. Une petite colonne, embarrassée par son
convoi n'avance que péniblement dans un pays ac-
cidenté, éminemment propre aux surprises. Les
indigènes, tapis derrière les arbres, dans les palmiers nains, aux détours des sentiers, échappent
aux regards : on les voit si peu que les zouaves
appellent la guerre d'Afrique une guerre d'aveugles.

Des nuées d'ennemis invisibles enveloppent la
colonne et la criblent de balles, d'autant plus facilement que les fusils arabes portent à quinze cents
mètres. Aussitôt qu'un désordre, un encombrement
ou une hésitation se manifeste dans les rangs, un
groupe de cavaliers arabes se rue sur ce point et
cherche à couper l'armée en deux. Le zouave par-
tage avec le chasseur à pied la difficile mission de
flanquer ces colonnes ; c'est double peine et double
danger. Les cavaliers indigènes ont beaucoup d'au-

dace individuelle. On les voit s'élancer bride abattue, sur un tirailleur, bravant son feu par la vitesse de la course, qui ne permet pas de viser sûrement ; ils arrêtent leur monture à dix pas, au moment où le tirailleur croise la baïonnette, ils déchargent leur pistolet et repartent au galop.

. Les cavaliers rouges d'Abd-el-Kader, munis d'une longue corde armée d'un crochet en fer, harponnaient nos fantassins à l'arrière-garde et les entraînaient avec eux. Le soldat qui s'attarde est perdu. A quarante pas de sa compagnie, on se fait enlever ou couper la tête.

En Afrique, les colonnes qui vont soumettre des tribus révoltées s'installent au milieu d'elles dans une position fortifiée. De là elles rayonnent sur tout le pays, dont elles brûlent successivement les douars jusqu'à soumission complète. Il faut après chaque engagement revenir sur sa base d'opérations; c'est l'instant du retour que choisissent les indigènes pour se ruer sur nos troupes. Il y a des moments fort critiques dans ces combats d'arrière-garde; les Kabyles surtout nous poursuivent avec fureur. Les zouaves, par de fausses retraites, parviennent souvent à les attirer dans des piéges, où ils leur font payer cher leur acharnement.

En 1856, le village des Beni-Kouffi, perché sur les cimes du Djurjura, fut pris par les Français sans trop de difficultés. Mais on crut s'apercevoir que les montagnards prenaient des dispositions menaçantes pour le moment du départ. Trois compagnies du 1er

zouaves se couchèrent à plat ventre derrière les
murs des jardins, un peu en arrière du village ; le
reste de la colonne fit mine de se retirer précipitam-
ment. Aussitôt les Kabyles se mirent à sa poursuite,
sans y prendre garde, ils arrivèrent sur les zouaves
qui tirèrent à *brûle-burnous* et jouèrent rudement
de la baïonnette. Les Kabyles se dispersèrent et ne
reparurent plus.

Une autre fois, huit compagnies furent disposées
en échelons, à cent pas de distance les unes des
autres. On sonne la retraite, la colonne défile. Aussitôt les indigènes accourent ; la première compagnie les reçoit par une décharge, se jette moitié à
droite, et moitié à gauche, en se retirant à toutes
jambes ; la seconde compagnie démasquée tire et
imite la manœuvre de la première, démasquant la
troisième, et ainsi de suite.

Au cinquième échelon, les Kabyles *en avaient
assez*, pour employer une locution de zouaves.

On reprochait autrefois à notre armée de ne pas
savoir battre en retraite ; nos régiments d'Afrique
n'ont jamais eu occasion de montrer en Europe ce
ce que nos arrière-gardes sauraient faire ; mais au
Mexique on a pu admirer leur solidité après l'in-
succès de l'assaut tenté à Puebla.

Le canon épouvante beaucoup les indigènes ; ils
l'appellent moucala-el-kebir (fusil du général). Leurs
chefs étant mieux armés que les autres guerriers,
ils se figurent qu'il en est ainsi chez nous, et que

l'arme qui lance les plus gros projectiles est celle du général. Lorsqu'ils reçoivent des obus pour la première fois, les Arabes s'empressent autour de ces projectiles, ne pensant pas qu'ils vont éclater ; au moment de l'explosion, ils éprouvent certainement une des plus désagréables surprises auxquelles un curieux puisse s'exposer.

La vie du zouave est une alternative d'abondance et de privations ; mais, dans ces derniers cas, il conserve toute sa gaieté ; il a toujours quelque apostrophe railleuse contre le *guignon* ; il se moque de la misère comme de la mort. Au dernier moment, il brave encore le destin par un sarcasme.

Au retour de Crimée, un navire portant des soldats fut sur le point de sombrer ; les embarcations avaient été enlevées par des coups de mer, les vagues balayaient le pont du navire. Un zouave n'avait pas l'air de s'émouvoir beaucoup de la tempête ; il s'était accroché aux bastingages avec sa ceinture afin de ne pas être emporté par les lames, et il attendait.

Un de ses voisins lui dit :

— C'est fini, mon pauvre vieux, *nous allons boire un coup à la grande tasse.*

— Ça m'est égal, répondit le zouave, je gagne cent quarante francs à cette affaire-là !

— Comment?

— Je redois cette somme à la masse, et, si je passe l'arme à gauche, je ne payerai rien du tout. C'est autant de pris sur le gouvernement.

A la bataille de l'Alma, les zouaves gravissaient des pentes escarpées sous la mitraille des Russes ; ils se trouvèrent au milieu d'une vigne dont les raisins étaient mûrs. Sans s'inquiéter des boîtes à balles et des biscaïens, les tirailleurs se mirent à manger les raisins, et l'on entendait des voix qui criaient avec la modulation des marchandes ambulantes de Paris : Chasselââ d' Fontainebleau !

La résignation est inconnue au zouave ; il n'accepte pas la mauvaise fortune, il lutte contre elle et parvient presque toujours à l'améliorer. Les résultats de cette énergie sont précieux. Le zouave n'est jamais démoralisé, et c'est un grand avantage, car le soldat qui courbe la tête sous la misère est perdu. Les fièvres, le spleen, le scorbut l'enlèvent rapidement. En Crimée, par exemple, les Anglais se résignaient, sans se plaindre, il est vrai, mais sombres, découragés, laissaient le froid les gagner, la maladie les envahir. Ils sont morts par milliers.

Le zouave, lui, se *révoltait* contre la gelée, la boue, la neige ; il s'ingéniait à construire des abris, à se fabriquer des vêtements, à améliorer son ordinaire. Il a vaincu l'hiver. Et c'est une grande victoire, car les Russes avaient fondé de belles espérances sur ce vieil auxiliaire qui avait déjà triomphé à Moscou.

Dans les circonstances suprêmes, le zouave a vraiment des éclairs de génie. Un zouave sauva tout un convoi de mulets égaré entre Balaklava et le camp. Ce convoi était escorté par des soldats anglais ; la

nuit les avait surpris à moitié chemin. La bise souf-
flait avec force, le froid était terrible, la neige cachait
la route. Il fallut s'arrêter et bivouaquer en plein
air par un temps affreux ; l'officier était désespéré.
Sans abri, sans feu, tout le monde allait périr de
froid. Les mulets se couchèrent d'eux-mêmes, les
soldats s'étendirent sur le sol, enveloppés dans leurs
manteaux, et l'officier regardait d'un œil sombre la
neige qui les couvrait peu à peu de son linceul.
Deux heures après c'en était fait, on n'aurait re-
trouvé que des cadavres gelés.

Tout-à-coup, à travers les sifflements du vent,
l'officier entendit un gai refrain, lancé à pleine
voix ; puis il vit passer une ombre non loin de lui,
il appela ; c'était un zouave qui venait de Balaklava,
où il s'était attardé. Il avait un peu bu, se sentait en
joie, et chantait, quoique lui aussi se fut égaré.

— Tiens, dit-il en abordant l'officier anglais,
qu'est-ce que vous faites donc-là ?

— Mon ami, répondit celui-ci, nous sommes en
train de mourir, voilà tout.

— Pourquoi diable vous laissez-vous geler ?

— Parce qu'il n'y a pas moyen de faire autrement
Nous nous sommes perdus, et nous n'avons pas
même un pan de mur pour nous préserver du vent.

— Eh bien ! il faut le faire, ce pan de mur.

— Avec quoi ?

— Avec de la neige, parbleu ! ça n'est pas difficile.

— Bravo ! Vous nous sauvez la vie ! s'écria l'officier.

Il donna au zouave une poignée de main énergique, éveilla son monde avec beaucoup de peine, et l'on se mit à l'œuvre. Le zouave montra aux Anglais à rouler la neige en boules, que l'on entassa les unes sur les autres ; on éleva de cette façon une muraille en demi-cercle, qui permit d'arrêter la bise.

Ensuite le zouave fit briser une caisse à biscuit, en prit les débris pour allumer du feu, et demanda une marmite.

— A quoi bon ! fit observer un Anglais.

— Pour préparer du thé, répondit le zouave.

— Il n'y a pas d'eau.

— Et la neige, donc ?

Les Anglais n'y pensaient pas. Le convoi transportait des vivres ; on y trouva une boîte pleine de thé et un baril de rhum.

Grâce au mur improvisé et à ces réconfortants, on passa la nuit sans trop souffrir ; le lendemain on retrouva la route.

Le zouave n'a aucune espèce de préjugés sur la nourriture ; il mange tout ce qui est mangeable. Nous allons citer quelques-uns des mets qu'ils affectionnent et pour lesquels beaucoup de personnes éprouveraient en Europe une répugnance très-mal fondée ; ce sont : le lion, dont la chair ressemble à celle du bœuf ; la panthère, dont la viande est très-délicate ; le mulet, le cheval, le serpent, les gros lézards, les rats, les chats, le chacal quand il est jeune. En fait de légumes, il y a l'ortie, l'asperge sauvage, et des herbes qui ont un nom latin en botanique, et qu'au régiment on appelle *herbes à potage*.

Quelques hommes n'ont aucune répulsion pour les sauterelles, et nous avons vu, *de nos yeux vu*, un clairon avaler des pattes de scorpion. Il n'en était jamais incommodé, et il prétendait que cela avait le goût des noix. La chair du scorpion est huileuse en effet.

A Kamiech les zouaves avaient le monopole du commerce des grenouilles et des écrevisses ; ils les pêchaient dans la Tchernaïa, sous le feu des batteries russes.

En Afrique, ils sont tour à tour maçons, défricheurs, moissonneurs ; il n'est pas rare qu'une escouade de dix hommes gagne une centaine de francs par semaine en travaillant pour les colons ou l'administration.

Quand ils sont à portée d'une forêt, ils fabriquent du charbon de bois ; là où la glaise abonde, ils établissent des briqueteries ; ils coupent l'herbe le long des rivières, sur les terrains qui n'appartiennent à personne, et vendent jusqu'à mille francs de foin à l'administration militaire.

Avec leur insouciance de la vie et leur caractère inventif, ils font des razzias magnifiques. Pour une poule, un zouave est capable de jouer sa tête. Une colonne s'était arrêtée dans une plaine vers le soir ; elle établit son bivouac, et le général donna des ordres pour que le lendemain à la pointe du jour un fort village qui dominait le camp fut attaqué.

Au réveil, trois bataillons se préparaient à monter à l'assaut, quand on aperçut des zouaves dans les rues du village. Informations prises, on sut qu'une cinquantaine de maraudeurs avaient eu l'audace d'y pénétrer avant le jour et de l'enlever à la baïonnette.

Dans la même expédition, une compagnie de grand'garde se trouvait sérieusement inquiétée pendant la nuit par les Kabyles.

Il était très-difficile de les débusquer ; la compagnie occupait un moulin sur le bord d'un ravin ; le chien du meunier n'avait pas quitté la maison. Un zouave s'empara de ce chien, lui attacha à la queue un bidon en fer blanc rempli de pierres et le lança dans le ravin. L'animal se sauva en poussant des hurlements lamentables, auxquels se mêlait le bruit des cailloux qui heurtaient le ferblanc. En entendant ce vacarme au milieu des ténèbres, les Kabyles s'enfuirent, ne sachant que penser de la nouvelle machine de guerre envoyée contre eux. Les zouaves complétèrent la déroute en les poursuivant, la baïonnette dans les reins.

Dans la colonie, il y a des Juifs et des Maltais qui suivent l'armée et lui vendent des approvisionnements ; on les appelle des *marcantis*. Il arrive souvent que, faute de concurrence, ils exploitent le soldat et lui font payer des prix excessifs. Le zouave leur tient rancune, et s'en venge plus ou moins plaisamment, à l'occasion.

Dans toutes ses escapades, le zouave sait garder une certaine mesure ; il met toujours les rieurs de son côté. Un jour, un amateur d'antiquités rôdait aux environs d'Arzew, il espérait y découvrir quelque précieux débris remontant à l'occupation romaine. Un zouave lui offrit de lui indiquer un camp romain où il trouverait des armes de légionnaires. Le savant promit vingt francs au zouave s'il lui procurait un fer de lance ou un glaive.

Huit jours après, le zouave vint trouver le savant et il le mena sur un emplacement où l'on apercevait des restes de retranchements ; muni d'une pioche, il fouilla le sol avec une patience qu'admirait l'antiquaire. Enfin il poussa un cri de joie ; sa pioche avait rencontré un corps dur, il retire à une espèce de lance.

— Quelle heureuse chance ! s'écrie le savant ; elle est emmanchée !

Et il donna quarante francs.

Un peu plus tard il apprit que le camp romain était un bivouac français abandonné depuis six mois, et que la précieuse lance se composait d'une baïonnette rouillée, rompue par le milieu et ajustée au bout d'un manche à balai.

Le savant ne l'en plaça pas moins dans un musée, et, s'il a été mystifié, il se donne du moins la consolation de mystifier les autres.

3

Il est un autre *tour* de zouave resté célèbre dans l'armée d'Afrique.

Un colonel de zouaves paria avec un de ses collègues de la ligne qu'il lui ferait *chaparder* (terme qui correspond à enlever) son dîner par un de ses hommes. Il demanda huit jours de délai. Le colonel de la ligne plaça auprès de son cuisinier deux sapeurs, qui eurent l'ordre de ne pas quitter les casseroles des yeux.

Dans les marches, la cuisine se fait en plein vent ; les deux sapeurs, assis sur des pierres, exécutèrent consciencieusement les ordres de leur chef.

Le troisième jour, ils étaient à leur poste, quand arriva bride abattue un courrier arabe, qui s'arrêta devant la tente du colonel en criant : *Carta d'el Kebir* ! (dépêche du général). Le colonel sortit pour recevoir la missive que tendait l'Arabe, mais le cheval de celui-ci se cabra tout à coup, rua, enfonça la tente, et mit en émoi le colonel, les sapeurs et le cuisinier, qui s'empressèrent de se reculer à distance respectueuse de la monture récalcitrante.

Enfin l'Arabe fut désarçonné, et il tomba près des marmites abandonnées par les sapeurs, qui tâchaient de rattraper le cheval : celui-ci fut ramené à son maître, qui sauta en selle, remit sa dépêche et partit au plus vite.

Le colonel ouvrit la lettre et lut :

    « Mon cher camarade,

  » Le porteur est un faux bédouin ; en ce moment

« il emporte votre dîner, je vous attends pour le
« manger.

» Tout à vous,

X...»

On visita les casseroles, et dans l'une d'elles on
trouva un caillou à la place d'un canard.

Il y a deux mille zouaves qui peuvent désigner
autrement que par un X la victime de ce tour.

CHAPITRE III

LE DÉPART

Un bivouac. — Le courrier arabe. — Tohu hohu. — Le café de
Jubilation. — Un vieux de la vieille. — La diane. — La mar-
che. — Parallèle entre l'armée autrichienne et la nôtre. —
Les escouades. — Le prisonnier d'Ad-bel-Kader. — Le prix
Monthyon aux Zouaves.

Vers le commencement du mois d'avril de l'année 1859, un grand camp de manœuvres avait été
établi aux environs de Tlemcen par ordre du gouverneur de l'Algérie ; dans l'armée d'Afrique, le
bruit courait que l'on allait faire une expédition
contre l'importante tribu des Beni-Snassen.

Quelque temps auparavant on s'était beaucoup
préoccupé des affaires d'Italie, mais la lettre toute
pacifique de l'Empereur avait fait supposer que la
guerre n'éclaterait pas.

Les troupes de la province d'Oran, et parmi elles
le 2ᵉ de zouaves, étaient donc réunies à une vingtaine

de lieues de la tribu de Beni-Snassen, et se croyaient sur le point d'entrer en campagne contre ces farouches montagnards des frontières marocaines.

Le corps d'armée était rassemblé depuis deux jours à peine, quand arriva au quartier général une dépêche télégraphique, qui fut transmise aux différents chefs de ce corps par des couriers arabes à franc étrier.

Aussitôt les clairons sonnèrent le ralliement. Le champ était très-considérable ; huit mille hommes, disséminés autour des bivouacs, se précipitèrent pêle-mêle vers les fronts de bandière de leurs bataillons respectifs ; pendant quelques instants, il y eut une confusion inexprimable, un bruit assourdissant : cavalerie, artillerie, zouaves, infanterie, officiers et soldats, hommes et chevaux se croisèrent, se heurtèrent, criant, jurant, dans le plus grand désordre apparent.

Tout à coup les clairons sonnèrent le pas de course ; il y eut alors parmi cette cohue une recrudescence de clameurs et d'activité fiévreuse. Puis, au moment où il semblait impossible qu'un peu d'ordre se fît parmi cette multitude, les rangs se formèrent comme par enchantement, un front de bataille immense s'improvisa et, à peine cinq minutes s'étaient-elles écoulées, que huit mille hommes, auparavant éparpillés de tous côtés, se trouvèrent à leur place de combat. Les tambours roulèrent, le *Garde à vous* retentit sur toute la ligne, les commandements vibrèrent, les armes résonnè-rent et il se fit un silence solennel...

Qu'y avait-il ?

Il fallait qu'un grave événement se fût produit pour que l'on eût fait prendre si subitement les armes au corps d'armée ; l'anxiété était grande ; on voyait les cœurs battre sous les uniformes ; chacun se demandait si l'heure du combat n'était pas arrivée, si la cavalerie audacieuse des Beni-Snassen n'avait pas poussé une pointe jusque sur Tlemcen.

Les adjudants-majors, passant au triple galop devant les compagnies, convoquèrent les capitaines auprès des colonels ; il y eut un long frémissement dans la ligne de bataille ; tous les yeux se fixèrent sur les groupes formés par les états-majors, et, quand les capitaines revinrent, les soldats cherchè-rent à deviner sur leurs visages l'ordre qu'on avait pu leur donner ; ce devait être un ordre de guerre, car tous leurs fronts rayonnaient. Ils se placèrent en face des compagnies, firent former le cercle et dirent ces quelques mots, qui produisirent comme une commotion électrique :

« Mes enfants, la France a déclaré la guerre à l'Autriche ; demain nous partons pour l'Italie.

Un hourra formidable s'échappa de huit mille poitrines ; les rangs se rompirent, les calottes et les képis volèrent en l'air ; il y eut un moment d'en-thousiasme indescriptible : les officiers échangeaient des poignées de main avec les soldats, on chantait, on dansait, on courait boire aux cantines.

Notre armée a toujours dans les veines de ce vieux sang gaulois qui s'allume à la moindre étincelle ; avides d'aventures, de voyages et de gloire, nos soldats accueillent toujours une nouvelle de guerre avec satisfaction ; mais, baïonnettes intelligentes, il y a des combats qu'ils préfèrent à tous les autres : ce sont ceux où ils ont quelque grande mission à remplir. Notre armée, tirée du sein du peuple, aime à se sentir soutenue par la nation.

Dans toutes les circonstances, la troupe doit obéir, et elle obéit ; mais il est des cas où le devoir lui pèse. Un vétéran, mort à Malakoff, et qui avait fait la guerre d'Espagne sous la Restauration, nous disait : « Pendant toute cette campagne impopulaire, « il nous semblait que le vieux coq de nos drapeaux « se *retournait* vers la France, comme s'il eût eu un « regret. »

Mais quand nos régiments emportent une noble idée dans les plis de leurs étendards, quand les vœux du pays les accompagnent, ils se sentent une force et une bravoure indomptables ; ils se battent avec passion, ils meurent joyeusement pour la patrie.

Et la campagne d'Italie est une de celles où le cœur de la France fut avec son armée ; aussi cette armée fit-elle des prodiges.

Dès le début, on put augurer de ses succès futurs en entendant les acclamations dont fut saluée la déclaration de guerre. Car la scène que nous venons de décrire se renouvela dans tous les corps désignés pour partir en Italie.

Au 2ᵉ zouaves, dont nous faisions alors partie, il fut décidé à l'unanimité que l'on ferait un *café de jubilation*.

Le soleil disparaissait à l'horizon, déjà les chacals glapissaient dans la plaine, l'heure était propice. Un immense bûcher fut dressé en face du camp, chacun y apporta sa charge de bois; avec leur goût original, les zouaves entassèrent les branchages et les broussailles en forme de voûte très-élevée, et, à la nuit noire, ils y mirent le feu par l'intérieur, les flammes s'élancèrent avec une prodigieuse rapidité, se recourbèrent au faîte de la voûte, se confondirent et s'enlacèrent, formant une illumination fantastique.

On eût dit une grotte de feu; tout autour, assis à la mode orientale, les zouaves étaient rassemblés, fumant et devisant sur l'événement du jour. Les cuisiniers de chaque escouade apportèrent le café dans les gamelles d'étain; les officiers vinrent s'asseoir au milieu de leurs compagnies et prendre part à cette fête de famille. Dans tous les groupes on parlait des Autrichiens, et l'on supputait les chances de succès que nous pouvions avoir contre eux; c'était comme un meeting militaire; à chaque expédition nouvelle les zouaves en tiennent un semblable. Les jeunes gens instruits étant très-nombreux, on eût bientôt détaillé les forces de l'armée ennemie, leur nature et leur organisation l'on passa en revue l'histoire de ses guerres; on apprécia ses défauts et ses qualités et, au bout d'une heure, il n'y avait pas un seul zouave qui ne sût en face de quels adversaires on allait se trouver. Un soldat gagne beaucoup de solidité et d'aplomb à connaître ainsi l'ennemi et son mode de combat ; le plus souvent les paniques viennent de l'ignorance.

Dans cette grande assemblée, il fut arrêté que l'on chargerait à l'arme blanche et que l'on tirerait le moins possible, parce que les Autrichiens, qui *tenaient* admirablement sous le feu, se débandaient, quel que fût leur nombre, devant une attaque à la baïonnette.

Et, pendant toute la campagne, les zouaves, et avec eux toute l'armée, agirent d'après ces principes ; on sait avec quels succès.

La discussion étant épuisée, les chants commencèrent, et de Tlemcen on entendit l'écho des cœurs patriotiques qui saluaient l'entrée en campagne de l'armée d'Afrique.

Vers la fin de la soirée il y eut une scène touchante; un vieillard à la barbe blanche, vêtu d'une blouse grise, coiffé d'un bonnet de police des grenadiers de l'ancienne garde, et appuyant sur un bâton sa grande taille voûtée, s'approcha d'une compagnie. Il y avait dans sa démarche et dans son aspect quelque chose de si vénérable, de si solennel même, que

les zouaves se turent et se levèrent à son approche ;
il vint se placer silencieusement au centre du groupe,
l'examina lentement et se découvrit.

— Mes enfants, dit-il, j'ai quatre-vingt-seize ans,
et je suis resté vingt-deux ans officier dans la vieille
armée. Tout à l'heure j'ai su la grande nouvelle et j'ai
entendu vos refrains. J'ai voulu vous dire adieu avant
votre départ. Je suis si vieux que je ne compte pas
vous revoir à votre retour, mais j'espère vivre jusqu'à votre première victoire. Ecoutez bien, mes
enfants, et souvenez-vous de ma prière. Vous allez
faire ce que nous avons fait, et je viens vous sup-
plier de vous conduire bravement. Tous les anciens
de mon temps, qui ont sauvé la France sous la République et tenu jusqu'au dernier souffle à Water-
loo, vous suivront des yeux. Il serait cruel pour
nous d'emporter dans la tombe l'humiliation d'une
défaite essuyée par nos enfants. Quand vous serez
là-bas, rappelez-vous qu'il y a quelques milliers de
vieux soldats dont les cœurs ne battront pas d'anxiété jusqu'au jour de votre premier combat, et qui
n'attendent qu'un triomphe pour s'en aller joyeusement.

La voix du vétéran tremblait en nous faisant cette
recommandation suprême, sa tête blanche avait une
expression si douce et si noble, que nous étions tous
profondément émus.

Quand plus tard les boulets ont troué nos rangs,
quand la fusillade a décimé nos compagnies, quand

la mort plut sur nous, au terrible assaut de Magenta, les zouaves se souvinrent des vieux débris de ces armées géantes, qui s'en allaient « nu pieds, sans pain, *sourdes* aux lâches alarmes, » faire à la patrie un rempart de leurs poitrines, où battaient des cœurs si vaillants. Magenta fut enlevé.

Et, trois jours après avoir appris cette grande victoire, le vétéran de Tlemcen mourut, comme il l'avait prédit un mois auparavant.

A dix heures, l'extinction des feux sonna et l'on rentra dans les bivouacs.

Le lendemain matin, deux heures avant l'aube, le camp dormait; la lune projetait sa pâle clarté sur les tentes, qui s'étendaint à perte de vue; les armes étincelaient aux faisceaux; les sentinelles se promenaient lentement et sans bruit; le silence était si grand que l'on entendait les sons les plus légers, le bourdonnement des insectes ou le bruissement des feuilles dans les arbres.

Une note plaintive et assourdie, une espèce de soupir poussé par un clairon, fut répété de bivouac en bivouac; alors des hommes sortirent des tentes, se dirigeant sur le front de bandière; quelques lueurs brillèrent à fleur de terre, puis des milliers de feux s'allumèrent autour du camp.

Les soldats préparaient le café du matin.

Un quart d'heure après, les fanfares éclatèrent sonnant la diane; l'armée se leva, secouant le sommeil, les tentes s'abattirent, laissant le sol à nu; le

boute-selle sonna, le café fut pris ; on mit sac au
dos, on prit l'ordre de marche, le défilé commença
et, en moins de rien, là où s'élevait une ville de toile
avec ses quartiers, ses rues, et peuplée par huit
mille habitants, il ne resta plus sur le sable que
des traces de pas dont la brise du matin fit bientôt
disparaître l'empreinte.

Les mouvements de notre armée s'accomplissent
avec une rapidité merveilleuse ; c'est une qualité essentielle à la guerre. Un peu plus ou moins de régularité dans les manœuvres importe peu, on ne
gagne pas les batailles avec des alignements ; l'important est de ne pas perdre son temps en niaise-
ries ridicules. A ce sujet, et dès le début, on nous
permettra de faire constater une différence essentielle entre les Autrichiens et nous : autant nous
sommes agiles, autant ils sont lourds ; le tempérament y est pour quelque chose, mais l'organisation
militaire y est pour plus encore. Une fois en campagne, nous mettons de côté tous les réglements fas-
tidieux ; chez les Autrichiens, les réglements sont
plus nombreux que jamais en face de l'ennemi ;
tout se fait par principes, tout est règle, minute
par minute, d'après une théorie rigide et routi-
nière.

Il en résulte que les moindres mouvements d'un
soldat sont d'une lenteur incroyable ; peu à peu l'esprit d'initiative se perd, on oublie bientôt de penser, on se laisse guider comme des aveugles, on

devient un instrument sans volonté. S'il faut faire une marche rapide, les jambes habituées au pas régulier, se refusent à fournir le pas gymnastique ; dans les levées du camp, dans les haltes, on perd des minutes précieuses à des futilités telles que la formation en bataille et l'établissement des faisceaux ; et, dans les circonstances le plus pressantes, les chefs ne savent pas supprimer ces pénibles corvées. Nous posons en fait que, dans la même journée de marche, un Autrichien reste sac au dos deux heures au moins de plus qu'un Français ; qu'il fait six mille pas de plus que lui en manœuvres.

Tous ces détails doivent se compter dans l'appréciation d'une armée ; ils finissent par former une masse de désavantages qui pèse lourdement dans la balance du succès. On nous pardonnera sans doute ces observations, car notre but est d'initier le lecteur à la vie militaire et de lui expliquer clairement une des causes de notre supériorité à la guerre.

Aux zouaves, plus que partout ailleurs, les marches sont rapides. Cette fois le 2e zouaves semblait avoir des ailes: on fit une double étape. Nous allons en expliquer le motif.

Nos généraux sont convaincus que la victoire est dans les jambes. Aussi est-il expressément recommandé aux colonels de laisser au dépôt les marcheurs médiocres, seraient-ils braves comme des Bayards. A quoi sert un cœur vaillant, si de bonnes jambes ne peuvent le porter jusqu'en face de l'ennemi?

En conséquence, quand la chose est impossible, on fait une épreuve difficile, une double étape dans les circonstances les plus pénibles.

Ceux qui restent en route, brisés par la fatigue, sont impitoyablement refusés.

Cette épreuve fut très brillante pour le 2e zouaves. Ce régiment partit à deux heures du matin, marcha toute la journée, fit quinze lieues (sac au dos bien entendu), et ne laissa pas un homme en arrière.

Quand l'on songe qu'en tout chaque zouave porte soixante-quinze livres de bagages, cela semble merveilleux. Comme on pourrait révoquer en doute l'exactitude de ce poids, nous allons en faire le détail, assez curieux du reste. Il y a d'abord une carabine de treize livres, dix paquets de cartouches d'une livre chacun, huit jours de vivres à une livre et demie par jour, la tente, les bâtons de tente, la hachette, les piquets, le pantalon rouge, le capuchon, les chemises, une paire de souliers, la provision de savon, les brosses, le turban, une gamelle ou une marmite, la couverture pour la nuit, le bidon plein d'eau, le plus souvent un fagot, si le bois doit lui manquer. C'est le cas de faire remarquer que la race humaine n'est pas aussi dégénérée, physiquement parlant, que certains savants le prétendent. Les Romains tant vantés n'ont jamais porté de plus lourds fardeaux que nos petits fantassins.

Un fait, du reste, prouvera leur vigueur.

Une discussion s'éleva un jour entre lord X... et un colonel de zouaves au sujet de la marche. Le colonel prétendait que les hommes finiraient par lasser les chevaux; l'Anglais prétendait le contraire. On fit un pari. Huit bons chevaux furent montés par des chasseurs; huit bons marcheurs furent choisis parmi les zouaves. Les deux groupes se mirent en route, allant d'Oran à Alger, ayant cent lieues à parcourir.

Les zouaves arrivèrent tous, deux jours avant les chevaux dont cinq n'arrivèrent pas...

Le montant du pari fut distribué aux vainqueurs, qui partagèrent avec les chasseurs.

Une particularité de marches, c'est que l'on fait dix lieues, pour ainsi dire sans manger. Le matin, on prend du café noir avec un peu de biscuit; à mi-chemin, on se repose une demi-heure et l'on reprend encore du café; en arrivant, on reprend une troisième fois du café.

Et, chose assez singulière, celui qui mangerait plus copieusement en route ne pourrait pas achever l'étape facilement.

En campagne, on vit par escouades de huit ou dix hommes; à peine le camp est-il formé, que le cuisinier de chaque escouade a improvisé une soupe. Après ce léger repas, tout le monde se disperse. L'un va à la chasse, l'autre à la pêche; il y en a qui cherchent des tortues, des fruits sauvages, des artichauts, forts communs en Afrique, ou bien encore

des asperges. Une heure après, chacun revient avec
son butin, et il est bien rare qu'il n'y ait pas de quoi
composer un diner succulent. Les membres d'une
escouade sont étroitement unis : ils se considèrent
comme frères.

Dans une escouade tout est en commun : l'argent,
les vivres, le tabac, les plaisirs et les souffrances.

Jamais une escouade n'abandonne un de ses membres.

Un zouave fut pris dans un combat contre un califat d'Abd-el-Kader. Le lendemain le califat faisait
filer vers le désert un convoi de dix prisonniers parmi lesquels se trouvait un zouave. Un peloton de
cavaliers rouges escortait les captifs, et Dieu sait si
coups de bâton pleuvaient sur le dos ! Tout à coup
un feu roulant abattit six cavaliers arabes au détour
d'un défilé ; une dizaine de zouaves tombèrent à la
baïonnette sur ceux qui restaient et les tuèrent jusqu'au dernier. Les prisonniers montèrent sur les
chevaux libres avec leurs libérateurs et on tourna
bride au grand galop.

C'était l'escouade du zouave qui, connaissant les
habitudes des Arabes, était venue à l'aide du captif.

Un autre zouave avait perdu son père, et par cela
même devait être libéré du service. Les formalités en
pareil cas durent un mois. Ses camarades d'escouade
savaient sa famille très-pauvre ; ils allèrent travail-
ler pendant tout le mois au port d'Oran ; ils étaient
dix, et ils furent payés sur le pied de trois francs

par jour. Au bout du mois, la veille de son départ, ils remirent leur gain à leur camarade.

Il y avait neuf cent quarante francs. De pareils exemples ne sont pas rares. Nous avons cité ceux-là pour bien fairecomprendre de quelesprit les zouaves sont animés.

CHAPITRE IV

LA TRAVERSÉE

Les désespérés. — Les bésicles de l'Intendant. — La malle du
commandant. — Les Zouaves. — Matelots. — Situation critique
des alliés. — La chasse à l'espion. — Un zouave au Tyrol.

Quand le régiment fut arrivé à Oran, on forma
quatre bataillons des trois qui existaient ; l'un de
ces bataillons devait rester en Algérie ; ceux qui
composaient celui là furent au désespoir ; le colonel et le général furent assaillis de réclamations.
Pour couper court à tout, on précipita l'embarque-
ment. Le premier bataillon dont je faisais partie,
fut dirigé sur le port Mers-el-Kebir, où un navire
l'attendait.

Il y avait beaucoup d'hommes non désignés qui
voulaient partir de force. Pour éviter les fraudes, un
intendant contrôlait un par un les zouaves inscrits.
Un fort piquet lui prêtait main forte. A chaque ins-

tant il fallait employer la violence pour empêcher les chalands de transports d'être envahis.

Malgré cela, il y eut bien une centaine d'hommes qui se faufilèrent entre les jambes de l'intendant et des sentinelles. La difficulté était de pouvoir sauter dans le chaland ; une fois là, il était impossible de reconnaître le fraudeur parmi une centaine de camarades. Au moment où le chaland plein quittait la rive, un zouave, en turban et en tenu de planton, vint apporter à l'intendant une grande enveloppe carrée, avec le timbre et le cachet de la *place* ; l'intendant, croyant que c'était un ordre, décacheta le pli pour en prendre connaissance. Profitant de sa préoccupation, le prétendu planton fit un bond au risque de se tuer, et retomba dans le bateau.

Pendant ce temps, l'intendant lisait :

« Frottez les carreaux de vos besicles et ne vous y laissez plus prendre. »

Il était trop tard pour punir le mystificateur, le chaland avait démarré ; le zouave, debout à l'arrière, ricanait en imitant l'homme qui nettoie les verres de ses lunettes.

A l'endroit où l'on embarquait les bagages des officiers, arriva une longue caisse portée par trois nègres.

— D'où cela vient-il ? — demanda l'officier chargé de surveiller ce point.

— De chez *mossou* le commandant, — dirent les nègres.

En effet, sur la caisse on lisait, écrit en grosses lettres noires : Bagages particuliers du commandant des zouaves. Très-fragile.

Les hommes de corvée chargèrent la caisse et faillirent la laisser tomber.

— Prenez donc garde, — dit l'officier, — vous voyez bien que c'est fragile.

Une heure après, quand le bâtiment était en marche, un mousse entendit des plaintes dans la soute aux bagages. Il alla, tout effaré, prévenir un maître d'équipage; celui-ci, accompagné de plusieurs matelots, vint vérifier le fait et s'assura que des gémissements étouffés partaient d'une grande caisse appartenant au commandant des zouaves.

Il avertit l'officier de quart, qui l'envoya au capitaine du bord, lequel déjeunait avec le commandant des zouaves.

Ce dernier fut très-surpris en apprenant la chose, et voulut la vérifier.

Il descendit dans la soute aux bagages avec le capitaine du bord, et vit la grande caisse qu'avaient apportée les nègres; les gémissements continuaient toujours.

— C'est étonnant, — dit le commandant, — je ne reconnais pas cela pour m'appartenir. Après tout, c'est peut-être ma femme qui, par précaution, aura joint à mes cantines cette boîte bourrée de linge. Sans y prendre garde, elle y aura enfermé son épagneul. Allons, qu'on m'ouvre cela.

On défonça la caisse et l'on aperçut.... un vieux zouave à trois chevrons, qui était en train d'étouffer, faute d'air.

Quand il fut un peu revenu à lui, il sortit de sa boîte, se secoua comme un caniche qui a pris un bain, et, s'élançant par l'écoutille, il grimpa sur le pont, où il disparut aux yeux ébahis de ceux qui le regardaient. Le commandant et le capitaine du bord se mirent à rire et retournèrent déjeuner.

Les matelots n'aiment pas à transporter des soldats : ceux-ci, couchant sur le pont, enveloppés dans des couvertures, atteints du mal de mer, ne se remuant pas plus que des masses inertes, sont très-gênants pour les manœuvres.

Les matelots avec lesquels nous voyagions nous reçurent assez peu cordialement dans le principe ; seulement, quand ils virent le bataillon se diviser en *bâbordais* et en *tribordais*, les compagnies se grouper en *série*, chaque escouade prendre un *poste fixe* sur le pont ; quand ils s'aperçurent que huit cents hommes parvenaient à ne pas encombrer le navire, ils comprirent que les zouaves avaient une certaine habitude de la mer. Lever l'ancre est une opération difficile ; il faut virer le cabestan, et c'est un pénible travail. Le cabestan est un énorme tourniquet autour duquel s'enroule la chaîne de l'ancre ; on le fait mouvoir à l'aide de leviers que l'on appelle barres. L'équipage de la corvette fut agréablement surpris en voyant deux cents zouaves s'atteler aux barres du cabestan, et le faire virer au son de leurs clairons.

Quand on mit les voiles au vent, les zouaves halèrent les câbles ; quand on lava le pont, nu pieds et armés de *fauberts*, ils aidèrent les marins Ils firent le quart comme eux, chantèrent le soir à l'avant du bâtiment, racontèrent des histoires merveilleuses, telles que la légende du Chameau d'or, de Laghouat et du Marabout sans tête, de Tegdemont. La nuit ils transformèrent leurs petites tentes en hamacs, qu'ils accrochèrent partout, ne gênant nulle part. Ils se nichèrent jusque dans les hunes. Ils firent si bien que le capitaine accorda des gratifications d'eau-de-vie, et que l'équipage eut toutes les peines du monde à se séparer du bataillon, quand on arriva dans le port de Gênes.

Presque toutes les villes qui bordent le littoral de la Méditerranée ont le même aspect. Entre Gênes et Marseille il n'y a pas beaucoup de différence.

Notre débarquement s'opéra rapidement. Le soleil était splendide ; ses rayons faisaient étinceler les édifices et doraient les maisons de leurs chauds reflets ; sur les quais, les gens du port, avec leurs femmes et leurs enfants en habits de fête, formant une population immense et enthousiaste, saluaient l'arrivée du navire par des acclamations joyeuses ; à mesure que les canots et les chalands jetaient une compagnie sur le quai, la foule avide s'empressait autour d'elle.

C'était la première fois que Gênes voyait des

zouaves ; pendant une demi-heure nous fûmes entraînés, questionnés, félicités par les hommes et embrassés par les femmes sans trève ni merci.

Personne ne se plaignit, du reste, car les femmes du peuple sont fort jolies en Italie.

Au milieu de cet accueil charmant, les clairons sonnèrent l'assemblée. Le régiment se forma en colonne ; le commandant monta à cheval et donna le signal de la marche.

Nous allions avoir à traverser la ville tout entière. L'aristocratie nous attendait aux fenêtres des palais, la bourgeoisie au seuil de ses magasins ; toutes les femmes étaient parées, toutes avaient à la main des bouquets de fleurs et aux lèvres des sourires radieux.

L'aspect splendide des rues de Gênes, la magnificence des palais, la richesse des parures, la joie folle des habitants nous frappèrent et nous émurent. Nous défilions sous une pluie de fleurs, au milieu d'acclamations frénétiques. Du reste, le régiment était magnifique. A voir les têtes bronzées et énergiques des zouaves, leurs yeux étincelants de résolution et d'intelligence, leur allure dégagée, la désinvolture martiale de leurs gestes, les Gênois comprirent qu'ils feraient merveille dans les combats.

Nous arrivâmes devant un poste de bersaglieri ; ils appartenaient à un bataillon qui avait fait la campagne de Crimée. Leur clairon, par courtoisie, sonna la marche célèbre du père Bugeaud. C'était le salut de l'armée italienne à l'armée française.

Nous avions conservé des bersaglieri un excellent souvenir ; nous leur répondîmes par le cri de guerre des zouaves, qu'ils avaient entendu sur le champ de bataille de la Tchernaïa. Quand cette clameur rauque et stridente sortit spontanément de nos poitrines, il sembla que les maisons chancelaient sur leurs bases ; elle eut un long écho dans la foule. Quelques jours plus tard elle devait terrifier les Autrichiens sur les rives du Tessin....

L'armée française venait de mettre le pied sur la terre d'Italie ; la campagne commençait.

Nos troupes débouchaient en Italie par trois points à la fois : le mont Cenis, la passage de la Corniche et le port de Gênes.

Contre l'armée autrichienne, trop supérieure en nombre, les Piémontais ne pouvaient tenir ; Giulay ayant passé le Pô, les troupes de Victor-Emmanuel furent obligées de se jeter dans Alexandrie en découvrant Turin.

Qu'on se figure bien la situation critique dans laquelle nous nous trouvions tous.

Aucun obstacle ne pouvait sérieusement entraver une marche des Autrichiens sur Turin : si les Piémontais sortaient d'Alexandrie pour livrer bataille, ils étaient écrasés vu leur petit nombre ; après leur défaite, Giulay se rendait maître de la capitale et nous surprenait divisés en trois fragments d'armée, séparés par des distances considérables, naturellement dépourvus encore d'organisation et privésd'artil lerie. Ou nous étions obligés de repasser les Alpes pour nous reformer, ou chacun de nos fragments d'armée était exposé à recevoir isolément le choc de cent mille Autrichiens.

Quelle occasion magnifique au début d'une campagne! Certes un général français ne l'eût pas laissé passer ; en quinze jours le Piémont était conquis ; c'était un résultat immense, un coup terrible porté contre nous. L'effet moral sur l'Europe eût été incalculable.

Le général Giulay comprit parfaitement la chance inespérée que lui présentait la fortune ; il parut même vouloir en profiter : il marcha sur Turin.

Mais, avec quelques milliers d'hommes, le maréchal Canrobert poussa une pointe hardie sur le flanc droit de l'armée autrichienne, et Giulay s'arrêta aussitôt.

Il crut, dit-on, avoir tous les Français sur les bras ; cette explication ne nous semble pas juste. Selon nous, le général Giulay était heureux de trouver un prétexte de battre en retraite pour se mettre sur la défensive.

Pour exécuter le plan que nous avons exposé, il fallait une autre armée que la sienne, une armée russe ou française, agile, âpre à l'attaque, capable de marches forcées, une armée très-maniable surtout.

Et le général Giulay sentait que ses soldats n'étaient point des soldats d'*offensives*, que ses officiers manquaient, non de courage, mais d'audace, que ses généraux même, comprimés par l'habitude d'un despotisme militaire sans exemple, ne sauraient pas *vouloir* et *oser*. Or pour prendre Turin, écraser les Français successivement et les forcer à repasser le mont Cenis, il était nécessaire que, depuis le dernier soldat jusqu'au général de division, chaque Autrichien eût de l'initiative. Bon appréciateur de ceux qu'il commandait, Giulay savait qu'ils ne brillaient pas par là. Il repassa le Pô et il fit bien : Magenta et Montebello ne le prouvèrent que trop à l'Autriche.

En effet, on vit plus tard cent vingt mille Autrichiens ne pouvoir arrêter quarante mille Français, et six mille Français culbutèrent vingt mille Autrichiens. En admettant cette proportion, on peut affirmer que le premier fragment de notre armée sur lequel l'ennemi aurait donné ne se serait pas laissé battre et aurait tenu assez longtemps pour nous permettre de nous réunir tous à lui. Se défendre, se bien défendre, c'est tout ce que peut faire un général allemand ; c'est ce qu'a fait Giulay.

Lui reprocher de manquer d'intelligence, c'est méconnaître la pénétration avec laquelle il a toujours déviné nos mouvements ; lui reprocher d'avoir manqué d'audace, c'est méconnaître les qualités et les défauts de l'armée qu'il commandait. Ce qui est faute avec le soldat allemand devient habileté avec le zouave français, et *vice versa*. Le général Lamoricière a pu constater en Italie cette vérité.

Ce n'est pas rehausser le vainqueur que de rabaisser le vaincu.

A Gênes, où nous nous trouvions, on connut les dangers que courait la capitale du Piémont; on s'en émut beaucoup. Un soir, les journaux nous apprirent la fameuse pointe du 3me corps sur le flanc de l'ennemi et sa retraite; aussitôt la gaiété fit place à l'inquiétude, et aux zouaves la gaieté se manifeste généralement par des libations copieuses. Ce soir-là, l'une de nos escouades eut une aventure qui prouve que Giulay devait être parfaitement informé de notre situation presque précaire.

Dans une auberge, l'escouade dont nous parlons était en train de déguster du vin d'Asti; on riait et l'on s'amusait fort, le vin était bon. On se racontait ses bonnes fortunes, et l'on vantait la grâce des grisettes de Gênes, qui avaient fait les honneurs de la ville aux zouaves d'une façon charmante.

Chacun se confessait avec plus ou moins de modestie; seul, un engagé volontaire de dix-sept ans se taisait.

— Eh bien! — lui demanda-t-on, — et toi!

— Moi, — dit-il, — voilà ma réponse.

Il tira de sa ceinture un écrin, l'ouvrit, et montra à l'escouade ébahie une bague en or massif, dont le chaton, orné de perles, formait une couronne de marquise.

— C'est un souvenir, — dit le jeune homme avec un sourire. — On m'a fait jurer de le conserver précieusement et de revenir à Gênes passer quelques mois de *convalescence* après la guerre....

Malheureusement le pauvre garçon ne put tenir qu'une partie de sa promesse ; il ne rendit pas la bague, mais il fut tué à Magenta par un éclat d'obus qui lui enleva la partie supérieure du crâne.

Comme on s'extasiait encore sur la richesse du cadeau qu'il avait reçu, un beau jeune homme d'environ vingt-cinq ans entra dans l'auberge, vint droit à la table des zouaves et s'y assit sans façon.

— Messieurs, — dit-il en affectant un accent italien très-prononcé, — je suis un bon et franc Piémontais qui désire trinquer avec des braves comme vous. Cela vous déplaît-il ?

— Pardieu non, — fut-il répondu à la ronde.

Et l'on trinqua fraternellement.

Le jeune homme fut charmant.

On causa bataille, bien entendu ; il demanda beaucoup de renseignements sur l'armée d'Afrique ; on les lui donna.

Tout à coup le caporal, un vieux *chacal* rompu à toutes les ruses, fit un léger signe ; on comprit et on le laissa parler.

— Mille bombes ! — dit-il, — vous êtes un brave Italien ! et ça me fait plaisir de boire avec vous. Il faut que je vous raconte une histoire.

« Figurez-vous que c'était en Crimée, à Kamiesch. Nous étions une dizaine, comme ici, dans une cantine, et nous mangions du filet de cheval, arrosé d'un punch au rhum.

« Vient un homme, bien mis, comme vous, jeune comme vous, qui prend place à nos côtés en nous disant :

« — Mes braves, je suis journaliste, je vais vous offrir à boire pour trinquer à votre dernière victoire, que vous allez me narrer.

« Il faut vous dire qu'il y avait à Kamiesch beaucoup de correspondants de journaux.

« Nous voilà à jaser, à en dire sur ceci, sur cela, et il écrivait tous nos renseignements.

« Comme vous, il était très-questionneur, ce monsieur. »

Ici le caporal jeta sur son auditeur un regard menaçant qui le fit pâlir légèrement. Il but un verre de vin pour se donner une contenance. Le zouave reprit :

« J'ai trouvé que notre homme, pour un simple journaliste, connaissait trop bien notre métier. Il vous parlait de bastion : d'escarpe, de contrescarpe, de tranchées, avec des connaissances qu'un bourgeois ne peut guère avoir. Et puis il avait une tournure militaire qui sautait aux yeux.

« Alors je me levai et carrément je lui dis : Vous êtes un espion !... »

Ici encore, le vieux caporal darda son œil noir et brillant sur son auditeur et le fit pâlir; mais celui-ci se remit vite et dit avec calme :

— Votre histoire est très-émouvante, — continuez, je vous prie!

« — Alors, — dit le zouave, — on conduisit notre homme à l'état-major; il fut reconnu pour un officier russe. On le condamna à être fusillé immédiatement. Notre régiment assistait sous les armes à l'exécution. Vous figurez-vous un beau garçon de vingt-cinq ans comme vous, ayant un brillant avenir comme vous sans doute, mourant de cette façon-là?

« Il se déshabilla, pâle mais calme; il commanda la charge en français et cria Feu! d'une voix mâle et assurée.

« C'était pitié de voir un vaillant soldat comme lui finir si malheureusement. »

Le caporal se tut. Il se fit un silence lugubre; le jeune homme ne cherchait plus à dissimuler son angoisse; il était livide, des gouttes de sueur perlaient à son front.

Le caporal se leva et dit :

— Voyez la triste chose! Vous êtes un brave officier autrichien, vous; seulement, vous avez de l'ambition, vous voulez arriver vite, et vous hasardez votre tête pour devenir commandant. Me voilà forcé de vous dénoncer, et je vous fusillerai peut-être avec mon escouade. J'aimerais mieux vous tuer sur un champ de bataille.

L'officier autrichien, se sentant reconnu, n'essaya même pas de protester.

— Messieurs, — dit-il, — je suis entre vos mains.

et je me résigne à mon sort. Seulement j'ai une fiancée, la fille d'un de nos généraux, que j'aime en secret. C'était pour arriver à être digne d'elle que je suis venu me faire prendre par vous. Je vais lui écrire quelques mots d'adieu et de regret. Vous me semblez gens de trop de cœur pour me refuser cela.

— Soit ! — dit le caporal ; — écrivez.

Le capitaine se fit apporter du papier et traça quelques lignes ; il signa, cacheta, mit une adresse et tendit sa lettre au caporal.

Celui-ci fit sauter le cachet aussitôt, et passa cette lettre à un Alsacien en lui disant de la déchiffrer. Le capitaine voulut s'y opposer, mais l'Alsacien lut tout haut en traduisant :

« Ma chère Roschen, je viens de tomber entre les mains des Français, et ils vont me fusiller. Ma dernière pensée sera pour vous. Songez quelquefois à ce pauvre Franz qui va mourir en vous aimant. Adieu. »

— C'est bien ! — dit le caporal, — vous ne mentiez pas. Maintenant, capitaine, vous allez me jurer sur votre honneur que vous ne révèlerez rien de ce que vous avez vu à vos chefs.

— Pourquoi ce serment ?

— Eh, parbleu ! croyez-vous donc que je vais vous livrer après ce que vous avez raconté touchant cette jeune fille ? On est moins *Turc* qu'on n'en a l'air. Jurez vite !

Le capitaine jura ; puis il se jeta au cou du caporal

et l'embrassa. Des larmes d'attendrissement et de reconnaissance perlaient dans ses yeux.

— Allez-vous-en et n'y revenez plus, — dit le vieux caporal. — Si je n'étais pas sûr que vous êtes un loyal soldat et que vous tiendrez votre parole, vous seriez flambé !

Le capitaine partit... Quatre mois après, le caporal, amputé du bras droit, se retirait dans son village, où il briguait la place de garde-champêtre.

Un jour il vit arriver dans une voiture élégante un jeune couple qui mit pied à terre en face de sa porte.

C'était l'officier autrichien et la fille du général, à laquelle il était uni depuis un mois.

L'officier embrassa son sauveur, et la jeune femme lui tendit sa joue fraîche et rose. Son mari était un joli garçon, et elle savait gré au zouave de le lui avoir conservé.

— Je viens vous chercher, — dit l'officier.

— Ah, bah ! fit le zouave.

— Oui ; j'ai un beau domaine dans le Tyrol, et je crois que vous vous y plairez. Si vous avez une famille, nous l'emmènerons.

— Je suis seul ; mais que ferai-je là-bas ?

— Vous n'avez que quarante ans, et vous vous marierez avec une jolie fille qui est folle de vous. Elle a pour dot une ferme que lui donne ma femme : c'est sa sœur de lait.

— Comment voulez-vous qu'elle m'aime sans me connaître?

— Roschen lui a conté votre conduite envers moi et je lui ai fait votre portrait.

—. Hum ! hum ! — fit le zouave.

— Elle a juré qu'elle n'aurait jamais d'autre mari que vous. Vous êtes trop galant pour faire le désespoir d'une charmante petite femme.

— Ma foi! — dit le zouave, — si c'est comme ça, partons !

Quinze jours après, il était au Tyrol, et faisait sa cour à une ravissante montagnarde ; il ne fut pas plus long à conquérir son cœur que son régiment ne l'avait été à conquérir la Lombardie ; il l'épousa et est aujourd'hui un des plus riches fermiers du pays.

Ce ne fut pas là le seul espion que l'on découvrit à Gênes ; la ville en était pleine, et Giulay dut être parfaitement renseigné.

CHAPITRE V

LA LIGNE ET LES CHASSEURS A PIED

La reine des batailles. — Le sang gaulois. — Le spleen. — *Trans-figuration*. — Un héros modeste. — Recrutement spécial et édu-cation particulière. — Le gymnase ; le tir ; le cachet. — Les tirailleurs et les flanqueurs. — Résumé.

Avant de raconter Montebello nous voulons tracer le rôle des deux corps d'infanterie qui gagnèrent cette victoire.

LA LIGNE, *cette reine des batailles*, comme l'appelait Napoléon, est le centre de l'armée, le pivot des ma-nœuvres, la base de toute opération ; c'est pour pré-parer son action ou la soutenir que les corps spéciaux ont été créés ; tirailleurs, flanqueurs ou réserves n'agissent qu'en vue des mouvements qu'elle fera, qu'elle fait ou qu'elle a faits ; on peut juger de la place immense qu'elle tient dans une bataille, du rôle essentiel qu'elle y joue, de son importance capi-tale, enfin.

Rappelons du reste cet enseignement historique, que tout peuple conquérant a possédé une puissante infanterie ; loin de nous pourtant de rabaisser les services importants, indispensables, des armes spéciales.

Sans contredit, notre *ligne* est la plus belle du monde ; elle doit sa supériorité au tempérament militaire de nos paysans qui en composent la grande majorité.

Le fantassin n'a ni l'élégance ni le brio de certains régiments, ni la science de certains autres ; mais, sans manquer ni de verve, ni d'entrain, il a des qualités, — nous devrions dire des vertus — militaires très-solides.

Le jour où la France a réclamé son bras, il a quitté la charrue pour prendre un fusil ; garde-t-il au régiment un fonds de simplicité rustique qui lui donne un grand charme, lorsqu'au récit simple et vrai de ses campagnes, on reconnaît en lui un héros d'autant plus grand qu'il s'ignore lui-même. Son bon sens, sa ronde gaieté, son humeur gauloise si gaillarde quand on le pique, et d'ordinaire si remplie de bonhommie, le font aimer partout.

Il a, comme le soldat, l'instinct inné de la guerre ; il possède les aptitudes générales du métier tout autant que pas un ; et, à part les spécialités auxquelles il n'est pas appelé, il reste l'égal de tous.

Et il a de plus ce mérite, que la guerre n'a pas

exercé sur lui sa fascination puissante ; nous parlons du moins pour le grand nombre.

Il aime le champ qui l'a vu naître ; il se souvient de son toit de chaume, de ses vieux parents et de sa fiancée qui l'attendent.

Et c'est malgré ces affections si vives, ces attaches si fortes, que le fantassin se bat si bravement. Se rappelant qu'au-dessus de la famille, il y a la patrie, il sacrifie tout à celle-ci et fait de son corps un rempart à la France.

La mâle énergie avec laquelle ce fils de paysan brise les liens de famille qui rivent l'homme des campagnes à son clocher, en fait une figure grande et belle entre toutes.

Du reste, la bonne humeur qui s'épanouit toujours au fond d'un cœur français chasse la tristesse quand elle essaye de s'emparer de lui ; lorsque le conscrit étranger se complait dans ses regrets, le nôtre entonne un gai refrain et combat le chagrin par le rire et les chansons. Puis, dans l'âme de ce descendant des Gaulois couve le feu sacré qui fit de nous la grande nation ; au moindre choc l'étincelle jaillit ; l'odeur enivrante de la poudre éveille les instincts guerriers qui sommeillent dans la poitrine du paysan ; quand les mâles accords du clairon retentissent, un frisson de fièvre passe dans ses veines ; il s'exalte lorsque tonne la grande voix du canon ; ses narines de dilatent en aspirant les émanations brûlantes du combat ; son sang s'échauffe, sa tête

s'anime et resplendit, il pousse à pleins poumons la
clameur stridente des batailles et il s'élance avec
une fougue indicible au milieu de la mêlée...

C'est alors que l'infanterie fournit ces charges
fameuses, ces charges furieuses et échevelées comme
les vagues dans la tempête, terribles et foudroyantes
comme les avalanches des Alpes !

Rayonnant, transfiguré, superbe d'élan et de furie
dans l'action, le fantassin redevient modeste après
la victoire ; cette vaillance dont il n'a pas conscience,
qu'il oublie après l'avoir montrée, prouve combien
il est brave par tempérament, sans efforts et sans le
savoir...

Tel est le fantassin, que nous résumerons en deux
mots : c'est le type le plus vrai de l'abnégation
dans le dévouement et de la modestie dans l'héroïsme.

Le *chasseur à pied* tient le milieu entre le zouave
et le fantassin.

De taille moyenne et robuste, il porte une veste
aux reflets nuancés de noir et de vert, qui fait res-
sortir les muscles de son corps vigoureux. A le voir,
on reconnaît qu'un triage a été fait dans le contingent pour composer son bataillon en vue des fatigues
du pas gymnastique des tirailleurs. Le chasseur à pied
est d'ordinaire un enfant de nos villes de province
qui a quitté sans trop de regrets son atelier ou sa
manufacture, lorsque le sort l'a appelé.

Il ne veut pas toujours rester soldat, mais il n'est

pas fâché de tâter un peu des aventures de la vie militaire.

Joyeux sans être turbulent comme le zouave, railleur mais non sarcastique, soigné dans sa tenue, sans chercher le pittoresque, il porte avec crânerie son léger schako ; et, s'il n'a pas la régularité sévère d'uniforme de la ligne, il ne s'émancipe jamais jusqu'au débraillé du zouave. Bref, il a un cachet tout particulier d'élégance qui lui donne beaucoup de distinction militaire.

Comme soldat, il est très-instruit aux manœuvres, aux mouvements rapides et au tir de précision ; rompu à la course, aux jeux violents du gymnase, il a une éducation pratique et théorique très-soignée ; il se sert avec une rare adresse de la carabine Minié ; il est surtout fait aux exercices de tirailleurs. C'est lui qui flanque les colonnes en marche et repousse l'ennemi par son feu ; lui encore qui, par une fusillade nourrie, couvre et prépare une charge. Le zouave, par son organisation régimentaire peut-être, même par tempérament, est plus fait pour les attaques à l'arme blanche ; mais le chasseur à pied, qui manie si bien la baïonnette au besoin, est certainement un tirailleur plus habile. En somme, la grande réputation des bataillons de chasseurs, réputation si méritée, prouve assez l'excellence de leur organisation.

Le premier gage du succès est la bonne composition d'une armée ; or, pour première condition de cette bonne composition, il faut qu'elle renferme une suffisante variété d'éléments, afin que chacun d'eux remplisse les missions diverses nécessitées par les éventualités et les phases d'une bataille. On a vu que, sous ce rapport, le corps expéditionnaire du Mexique ne laissait rien à désirer.

Mais la variété ne suffit pas ; il faut encore qu'entre les éléments différents il y ait aussi affinité, sympathique, pour que les parties forment une unité compacte. La cohésion est la plus grande force d'une armée ; sans elle, les corps mal liés flottent dans l'action, se soutiennent mal, ne se complètent pas à propos l'un par l'autre ; sans elle, la confiance si précieuse d'un régiment dans son voisin n'existe pas, l'avant-garde ne compte plus sur le centre, ni celui-ci sur l'arrière-garde ; aussi, plus d'élan.

CHAPITRE VI

MONTEBELLO

Nous arrétâmes beaucoup de rodeurs envoyés par l'ennemi. Les Garibaldiens s'emparèrent même d'un émissaire très-dangereux ; mais cependant, il fut impossible de découvrir tous les espions. Grâce aux renseignements de ceux qui nous échappèrent, Giulay put diriger ses troupes en stratégiste habile. La stratégie et la tactique sont deux choses essentiellement différentes que l'on confond trop souvent.

La *stratégie* est l'art d'*amener* une armée devant l'ennemi ; la *tactique* est l'art de *manœuvrer* une troupe en face de l'ennemi. Carnot, en dirigeant les mouvements des armées républicaines, faisait de la stratégie ; le général Bonaparte, en formant ses troupes en carré, pour recevoir le choc des Mamelucks, faisait de la tactique en face des Pyramides...

Le principe général de la stratégie est de conduire son armée de façon à livrer bataille avec le plus grand nombre d'hommes possible, et dans les meilleures conditions de temps et de lieux pour vaincre l'ennemi.

Le principe général de la tactique est d'aborder l'ennemi dans l'ordre et dans le moment le plus favorable, pour lui enlever ses positions en perdant le moins d'hommes et en lui en mettant le plus possible hors de combat.

Nous prions le lecteur de vouloir bien se souvenir de ces définitions, parce que, d'après ces règles immuables de la guerre, il jugera lui-même et nos généraux et ceux de l'Autriche.

Après s'être retiré devant le maréchal Canrobert, Giulay prit une position défensive très-solide.

Le tessin forme un angle droit en se jetant dans le Pô ; ces deux fleuves sont rapides et profonds ; Giulay s'établit au sommet de cet angle, poussant les ailes de son armée sur les côtés, couvrant un espace de vingt lieues.

Il s'agissait pour nous de tromper sa vigilance et de traverser, soit le Tessin, soit le Pô, sans en être empêchés par l'armée autrichienne.

La guerre a ce côté d'amusant, pour les gens qui ont une certaine dose de gaieté, que c'est un jeu de barres continuel. Quand on peut oublier le sac qu'on porte et la mort qui vous menace, on finit par se figurer que l'on joue une partie intéressante ; au milieu des marches et des contre-marches, on se dit : Passerons-nous, ne passerons-nous pas ? on se passionne, on se pique d'amour-propre.

L'armée française se composait de quatre corps, plus la garde formant réserve ; elle fut dirigée en apparence sur Crémone, afin d'attirer là les Autrichiens. En réalité, le premier et le deuxième corps seulement arrivèrent jusqu'à Voghera, ville voisine de Crémone.

Giulay, voulant tâter nos forces, fit passer le Pô à vingt mille hommes, avec ordre d'engager un combat d'avant-garde. Son but était de s'assurer si, bien réellement, notre armée était établie tout entière à Voghera. Telle fut la cause du combat de Montebello.

Avant de le décrire, nous allons raconter une anecdote historique qui s'y rattache.

A quelque distance de Voghera s'élève une jolie villa à la porte de laquelle se présentait, le 20 mai 1859, vers huit heures du matin, un soldat français. C'était un tout jeune homme de vingt ans à peine, un conscrit de nos provinces du Nord ; le soleil n'avait pas encore bronzé sa jolie et spirituelle figure gauloise.

Evidemment il en était à sa première campagne. Il avait ce teint rose, ces yeux bleus et tendres, ces cheveux blonds dont les brunes Italiennes raffolent; il semblait écrasé par le poids de son sac. Un domestique vint lui ouvrir et poussa une exclamation de surprise en l'apercevant celui-ci entra et déposa son sac sur les dalles du corridor, et dit :

— Je suis égaré, je désirerais boire un verre d'eau et connaître le chemin de Voghera.

Le domestique n'avait pas encore vu d'uniforme français ; il ne comprenait pas notre langue : il ne savait pas à qui il avait affaire.

Il se tenait debout et tremblant devant l'étranger.

— Je demande un verre d'eau, — dit le jeune homme en élevant la voix ; — c'est si peu de chose que vous ne pouvez me refuser.

Et, comme son fusil menaçait de tomber, il fit un geste pour le dresser contre la muraille.

Le domestique ne comprit pas son intention ; il crut voir une menace dans ce mouvement inoffensif et s'enfuit.

— Voilà une maison qui ne me semble pas hospitalière, — murmura le jeune homme.

Mais presque aussitôt parut une jeune femme charmante, qui sourit avec bienveillance à la vue de l'uniforme français.

— Soyez le bienvenu, monsieur, — dit-elle en bégayant notre langue avec la grâce infantine de l'accent italien. — Si mon domestique vous a mal accueilli, c'est qu'il vous a pris pour un Tudesque (Autrichien).

— Madame, — répondit le jeune homme, — veuillez m'excuser de vous avoir dérangée ; mais j'ai perdu mon chemin et je meurs de soif.

— Vous êtes tout excusé. Je suis heureuse de donner l'hospitalité à un Français ; veuillez prendre la peine de me suivre.

Et la jeune femme conduisit le soldat français dans sa salle à manger.

— Le déjeuner était servi, vous le voyez, — dit-elle ; — vous ne refuserez pas de le partager.

Le jeune soldat était un peu confus de cette gracieuse réception.

— En vérité, madame, vous êtes trop bonne, — dit-il ; — je n'ose accepter...

— Eh ! pourquoi ? c'est bien le moins que nous fassions bon accueil à nos libérateurs.

Le jeune homme ne se fit pas prier davantage, et s'assit en face de son hôtesse, qui fit avec cordialité les honneurs du déjeuner.

Intimidé d'abord, le jeune homme se remit peu à peu ; l'Italienne remarqua qu'il était fort bien, causait avec esprit et ne manquait pas de distinction, malgré son modeste uniforme.

Elle s'étonnait qu'il se fût séparé de son régiment et lui demanda comment il s'était égaré.

Le jeune homme avait à faire un aveu qui froissait

son amour-propre ; elle s'aperçut qu'il éprouvait une certaine hésitation.

— J'ai été indiscrète, — dit-elle, — mais la curiosité est un défaut que l'on pardonne aux femmes. Ne m'en veuillez pas.

— Je dois convenir que ma vanité de soldat est blessée de l'explication que je vais vous donner ; mais je chercherais en vain à vous cacher que je fais ma première campagne et ne suis point rompu à la fatigue. Hier, on a fait une longue étape et, malgré toute ma bonne volonté, je n'ai pu suivre mon régiment et me suis arrêté en chemin. Des paysans m'ont donné l'hospitalité. Ce matin, au point du jour, je suis parti pour atteindre Voghera, où se trouve ma division ; je me suis perdu à un embranchement de routes et me voilà ici.

Il est vrai, — ajouta-t-il — que si mon retard m'attire quelques plaisanteries ce soir de la part de mes camarades, je me consolerai en pensant à la gracieuse hôtesse qui me reçoit ce matin d'une façon si charmante.

Ce compliment fut fait avec un accent de reconnaissance et de sincérité qui charma la jeune femme.

Elle commençait à s'intéresser à ce soldat de dix-huit ans, qui allait la quitter bientôt et que probablement elle ne reverrait plus.

— Vous êtes entré bien jeune dans l'armée, — dit-elle ; — comment votre mère a-t-elle pu consentir à votre départ.

— Ma mère est morte me laissant orphelin à dix ans, — répondit le jeune homme.

Et un nuage passa sur son front.

— Oh ! pardon ! — s'écria l'Italienne ; — sans le vouloir je viens de vous rappeler un bien triste souvenir.

Il y eut un moment de silence, après lequel le jeune homme reprit :

— Il me reste un oncle, mais il est si dur pour moi, que je me suis engagé pour deux ans aussitôt que la loi me l'a permis. Je n'ai que cette unique parent et il ne m'aime guère ; je n'ai pas eu encore le temps de me faire des amis dans mon régiment.

Cet isolement attendrit la jeune femme. Elle fut rêveuse pendant quelque temps.

— Je vous ai attristée, madame, — dit le jeune soldat.

Elle tressaillit, releva la tête et dit :

— C'est que j'ai aussi connu les ennuis de l'isolement ; je suis restée orpheline très-jeune. Un vieux cousin fort riche m'a épousée à seize ans, et il est mort l'année dernière. Nous vivions ici fort retirés. Depuis que je suis veuve, ma vie est devenue plus solitaire et plus triste encore.

— Avec la fortune que vous possédez, les distractions vous seront faciles, et sans doute quelque nouvelle union viendra effacer le regret que peut vous causer la première.

— C'est possible. Qui sait ce que renferme l'avenir! Mais vous-même, monsieur, dans la carrière que vous suivez, ne pouvez-vous arriver à un beau grade ? Un grand capitaine de votre pays n'a-t-il pas dit que chaque soldat avait le bâton de maréchal dans sa giberne ? — ajouta-t-elle en souriant.

— Mon Dieu ! madame, je ne suis pas si ambitieux ; l'activité des camps m'a séduit, mais l'oisiveté de la vie de garnison doit être odieuse, et dès que l'on aura cessé de se battre, si mes deux années de service sont terminées, je rentrerai dans la vie civile, où je tâcherai de me créer une position ; sans doute elle sera très-humble, car je n'ai pas grandes ressources, et l'on n'arrive guère à tout que lorsqu'on n'a besoin de rien.

— Oh ! monsieur, vous y mettez trop de modestie, et, quand la guerre sera finie, si le hasard me procure le plaisir de vous recevoir de nouveau, j'espère bien avoir à vous saluer du titre d'officier.

A peine l'Italienne avait-elle achevé ces mots, qu'une détonation retentit et que toutes les vitres de la maison tremblèrent.

C'était le canon de Montebello.

Le jeune homme se leva en toute hâte, la jeune femme pâlit d'émotion.

— Pardon, madame, si je vous quitte à l'instant ; vous entendez qu'on m'appelle.

— Allez gagner, monsieur, les épaulettes que je vous prédisais tout à l'heure. Et en tous cas, si l'occasion s'en présentait, n'oubliez pas que je serais

charmée d'acquitter en vous ma dette de reconnaissance envers les défenseurs de mon pays.

— Eh bien, madame, permettez-moi, à ce titre,
d'en réclamer le paiement d'avance.

— Parlez, monsieur...

— L'affaire est engagée, mon régiment se bat sans
doute, — répondit-il ; — madame, par grâce, si vous
possédez un cheval, soyez assez bonne pour me le
confier. Je suis déshonoré si je n'arrive pas assez tôt;
permettez-moi donc de vous dire, comme un roi
d'Angleterre : Mon royaume pour un cheval !...

— Comment donc, monsieur, mais avec le plus
grand plaisir.

L'Italienne s'empressa de donner des ordres en
conséquence, et le jeune homme prit immédiatement
congé d'elle.

Elle le suivit des yeux jusqu'à ce qu'il eût disparu, tout en écoutant le canon, qui grondait toujours.

Elle rentra dans sa chambre, naturellement préoc-
cupée des dangers au-devant desquels courait son
hôte. Ce pressentiment se trouva justifié.

Une heure s'était à peine écoulée, que sa camé-
riste lui annonça que le Français revenait blessé.

La jeune femme s'élança pour le recevoir.

Il était pâle, chancelant sur sa monture ; son uniforme était ensanglanté.

A peine abordait-il le champ de bataille qu'il avait
reçu une balle dans le bras gauche.

A cette vue, l'Italienne poussa un cri.

— Rassurez-vous, madame ; le cheval n'a rien ; se hâta de dire le jeune soldat, auquel sa douleur n'avait pas fait perdre sa gaieté chevaleresque. — Quant à moi je n'ai pas grand chose : un bras cassé, voilà tout...

Inutile de dire que la jeune femme recueillit le blessé chez elle et lui prodigna les soins les plus empressés. Il fut indispensable de lui couper le bras.

La convalescence fut longue. Il en sortait à peine qu'il manifesta la résolution de partir, ce qu'il fit d'un air triste et embarrassé.

La jeune femme tressaillit à cette détermination, à laquelle elle était loin de s'attendre, et que l'état de la santé du jeune homme ne semblait pas justifier encore.

— Pourquoi partir sitôt, — lui demanda-t-elle, — vous avez encore besoin des plus grands ménagements.

— Croyez, madame, — répondit-il d'une voix émue, — que ce n'est pas sans de vifs regrets et sans de puissantes raisons que je m'éloigne... de vous.

— Mais enfin, quelles peuvent être ces raisons ?

Le jeune homme hésita un instant ; puis, faisant un effort sur lui-même :

— Mon Dieu ! madame pardonnez à ma franchise ; mais ma présence ici pourrait donner lieu à des interprétations fâcheuses, et ce serait mal reconnaitre le dévouement que vous m'avez témoigné que de vous y exposer plus longtemps.

— N'est-ce que cela? — s'écria l'Italienne avec cette expansion qui distingue les femmes de son pays; — il y a, monsieur, un excellent moyen de ne pas compromettre une femme, c'est de devenir son mari... — acheva-t-elle en lui tendant une main sur laquelle il déposa des baisers qui exprimaient plus que de la reconnaissance.

Le général Giulay avait fait passer le Pô à vingt-deux mille autrichiens, avec ordre de chasser les Français de Voghera.

La division Forey protégée par une grand'garde de cavalerie piémontaise, occupait cette ville; la plupart des soldats de cette division n'avaient jamais *vu le feu*.

Ils étaient épars dans Voghera, astiquant leurs uniformes pour la parade, répondant aux œillades des Italiennes et échangeant des lazzi entre eux. Soudain un officier de cavalerie, blessé à la tête, traversa les rues au galop en criant: Aux armes! En un clin d'œil, sans se troubler, sans pâlir, nos conscrits furent prêts à marcher contre l'ennemi.

Le général Forey, en sautant à cheval, trouva quatre de ses bataillons sous sa main. Ces trois mille jeunes gens défilèrent au pas de course devant les maisons, salués par les bravos des dames, qui du haut des fenêtres leur lançaient des fleurs et les encourageaient à bien mourir.

Les Italiennes sont vaillantes. L'ennemi était proche, et pas une d'elles ne songea à s'enfuir. Une jeune fille de l'aristocratie présenta à l'un de nos officiers une rose blanche et une branche de laurier.

L'officier prit la rose, la plaça à sa boutonnière, mais il rendit le laurier en disant :

— Je l'accepterai au retour si nous sommes vainqueurs.

Une heure après, un blessé revenait en litière; sur sa poitrine, la jeune fille aperçut la rose ensanglantée.

Elle courut en pleurant présenter au blessé la branche de laurier qu'il avait si bien méritée. Elle la déposa sur son front pâli. Ne pouvant parler, il essaya de porter ses doigts à ses lèvres, pour formuler un baiser, et il exhala son dernier soupir.

Ces quatre bataillons soutinrent le premier choc des autrichiens, qui s'avançaient en deux colonnes, l'une sur la grande route, l'autre sur la chaussée du chemin de fer. Trois bataillons barrèrent la grande route, le quatrième se plaça *à cheval* sur la voie ferrée. Une section d'artillerie était en batterie au centre de cette ligne de bataille, devant le front de laquelle s'étendait le petit ruisseau de Fossazo.

La plupart des soldats qui composaient la division Forey étaient des conscrits; ces jeunes hommes allaient au feu pour la première fois.

Qu'on se figure ces quatre bataillons, (environ trois
mille hommes), qui n'avaient pas encore reçu le bap-
ême du feu, voyant une masse compacte de 20,000
Autrichiens déboucher sur eux. L'artillerie engagea
le combat des deux côtés, puis nos tirailleurs, disséminés sur la rive du ruisseau, ouvrirent leur
feu.

Les Autrichiens y répondirent par une fusillade
terrible; leurs vingt mille hommes criblaient
de balles notre front de bataille, forcément peu
étendu. Il était impossible de tenir sous cette pluie
de plomb, le général Forey le comprit, et il eut l'audace de détacher trois bataillons de son aile droite,
qui attaquèrent les Autrichiens avec tant d'énergie
qu'ils les refoulèrent sur les hauteurs de Montebello
avant l'arrivée d'aucun renfort.

Il y eut dans cette première phase du combat un
instant très-critique. A notre aile gauche, un seul
bataillon soutenait une lutte très-vive contre une
forte colonne autrichienne; là, comme toujours,
pour éteindre le feu de l'ennemi, nos soldats poussèrent en avant; mais un millier de Tyroliens, em-
busqués dans les blés, déchargèrent leurs carabines
presqu'à bout portant sur les nôtres et leur causèrent
des pertes énormes.

Il en résulta naturellement un désordre qui coupa
l'élan. Le général de Sonnaz, qui commandait la cavalerie piémontaise, saisit cet instant pour charger
à la tête de ses escadrons.

Jamais secours ne fut plus propice.

Les Piémontais sentaient qu'il fallait arrêter, étourdir l'ennemi pour que notre aile .gauche pût se reformer et se reconnaître ; avec une intrépidité héroïque, ils chargèrent jusqu'à huit fois les Autrichiens; enveloppant leurs carrés dans des tourbillons rapides, les entamant, les refoulant sans trêve, sans merci ; on eût dit une trombe tournoyant avec une rapidité vertigineuse autour de leurs régiments. Quand la cavalerie épuisée se retira, le colonel Cambriel avait groupé ses fantassins autour de lui, et ils étaient superbes en ce moment; ces conscrits, qui avaient *respiré la poudre*, se tenaient droits et fermes comme des vétérans. Le colonel levant son épée cria: en avant !

Ce fut un moment sublime, le bataillon poussa un hourra formidable et bondit tête baissée contre l'ennemi. Il y eut quelques minutes de mêlée furieuse pendant lesquelles les Autrichiens essayèrent de tenir ; mais ils plièrent bientôt et abandonnèrent la position pour se retirer sur Montebello.

Mais là, l'ennemi s'arrêta et se reforma; bientôt des masses considérables couronnèrent de nouveau les crêtes, offrant un aspect imposant ; la réserve, qui n'avait pas encore donné, venait d'entrer en ligne dans un ordre parfait ; quatre mille hommes se retranchaient dans le village et en crénelaient les maisons. Il y avait presque de la folie à tenter de déloger ces vingt mille hommes s'appuyant sur un village et occupant une colline très-élevée et très-escarpée.

Tout-à-coup, on vit déboucher sur la grande route, au pas de course, un bataillon de chasseurs et trois bataillons de ligne. Ils furent reçus par un immense cri de joie, avec ce renfort qui portait l'effectif de sa division à six mille hommes, le général Forey résolut de reprendre vigoureusement l'offensive. Il ordonna à son aile gauche de se retrancher dans la ferme de Caccina Nova, et d'y tenir coûte que coûte. Puis il plaça sur la grande route son artillerie, sous la garde de la cavalerie piémontaise, pour battre en brèche le village. Ensuite il forma une tête de colonne avec les chasseurs à pied, et les fit soutenir par ses quatre bataillons de ligne, et donna l'ordre de s'emparer des crètes qui dominaient Montebello ; pour de là redescendre sur ce point ; par ce moyen on tournait l'ennemi... Les clairons sonnèrent la charge et la colonne gravit les pentes de la colline avec une rapidité extrême ; puis prenant les Autrichiens en flanc et les débordant par derrière, elle les ramena à la baïonnette et au pas de course sous Montebello.

Il y eut là un engagement très meurtrier. Les Autrichiens qui étaient retranchés dans les maisons, reçurent nos soldats par un feu violent ; les fuyards ayant atteint les premières maisons, se retournèrent et tinrent tête en se sentant soutenus.

Ce fut le moment le plus critique du combat.

Le général Forey et le général Beuret se portèrent en avant de notre colonne et l'entraînèrent à leur suite ; le général Beuret tomba en cet instant, mortellement frappé.

L'exemple de bravoure que les chefs venaient de donner électrisa les soldats ; ils firent un dernier et suprême effort et engagèrent une mêlée acharnée et sanglante qui refoula les Autrichiens dans les rues du village. Les maisons furent emportées une à une et évacuées par leurs défenseurs.

Les Autrichiens essayèrent de se rallier derrière un cimetière entouré de murs, situé à deux cents mètres de Montebello ; mais ce fut en vain ; le cimetière fut escaladé avec une fougue contre laquelle ils ne purent tenir, et l'on fit prisonniers une grande partie de ceux qui s'y trouvaient. L'ennemi était en pleine retraite, il était six heures et demie du soir.

Quatre pièces de canon furent braquées sur les colonnes qui se retiraient, et nos tirailleurs leur *appuyèrent* une chasse vigoureuse à coups de fusil pendant un bon quart d'heure.

Le général Forey leur fit sonner la retraite. Nous eûmes 600 tués ou blessés à cette affaire, et l'ennemi y perdit environ 2,000 hommes, dont 200 prisonniers.

Les musiciens, n'étant pas armés, ne prennent qu'une part indirecte aux combats ; leur place réglementaire est derrière la ligne.

Les musiciens d'un régiment engagé, après avoir regardé quelque temps en spectateurs le combat de Montebello, aperçurent une cantinière ; ils l'appelèrent et lui firent verser rasade. Mais les petits verres vont toujours deux à deux comme les capucins.

C'est ce que fit observer le tambour-major, avec le bon sens et l'érudition qui ont toujours caractérisé l'honorable institution dont il faisait l'ornement.

La cantinière versa la goutte pour la seconde fois. Mais au moment où chaque troupier faisait claquer ses lèvres contre son palais en signe de jubilation, une troupe d'Autrichiens apparut.

Le trombone tira de son instrument des sons formidables ; mais le temps n'est plus où trois cents hommes mettaient une armée en fuite en jouant du clairon, et les remparts ne tombent plus de nos jours comme ceux de Jéricho, quand on joue devant eux une fanfare sur la trompette.

Les Autrichiens avançaient nonobstant le trombone.

Le tambour-major brandit sa canne, exécuta des moulinets terribles, mais il n'intimida l'ennemi en aucune façon.

La musique fut cernée.

Il y eut un moment de désordre inexprimable ; chacun manifestait son embarras sur son instrument l'ophicléide rendait des plaintes lamentables, la petite flûte poussait des notes aiguës, la grosse caisse roulait au hasard, le chef de musique s'arrachait les cheveux.

Un Croate mit la main sur le tambour-major, un Tyrolien voulut s'emparer de la cantinière.

A cette vue, les musiciens furent pris d'une rage belliqueuse.

On enlevait sous leurs yeux une femme et le plus bel homme du régiment.

Cet outrage enflamma leur courage.

Ils se précipitèrent sur l'ennemi et le repoussèrent à coups d'instruments.

Le tambour-major, comme l'Hercule antique, avait d'un coup de sa canne étendu son adversaire à ses pieds ; la cantinière avait si vigoureusement soufleté le sien qu'il était tombé par terre. Les Vénus de nos régiments ont des poignets solides.

Les cornets à pistons, les bugles, les saxophones s'abattirent sans relâche sur les têtes des Autrichiens ; le régiment arriva au secours de sa musique et l'ennemi s'enfuit.

Mais tout à coup on aperçut la grosse caisse qui se sauvait. On courut après, on la rattrapa.

On reconnut qu'elle était enfoncée sur les épaules d'un major autrichien qui, ne pouvant s'en débarrasser, l'emportait avec lui.

Il fut fait prisonnier.

Arrivés dans Montebello, nos fantassins furent stupéfaits en voyant deux femmes sortir d'une cave, s'emparer chacune d'un fusil abandonné et faire le coup de feu avec acharnement avec eux, puis charger bravement.

Quand on leur demanda des explications après l'affaire, elles conduisirent nos soldats dans un champ, et leur montrèrent deux cadavres : c'étaient leurs fils que les Autrichiens avaient fusillés le matin même, parce qu'ils n'avaient pas voulu leur servir de guides.

Un bataillon du 93e de ligne, qui n'appartenait pas à la division Forey, se trouvait à deux lieues de Montebello. Au premier coup de canon, le bataillon courut au feu *sans avoir reçu aucun ordre*. Ce renfort contribua puissamment au succès. En Autriche, jamais un général n'oserait *prendre sur lui* de marcher à l'ennemi sans qu'on le lui eût expressément commandé. L'obéissance passive a fait perdre bien des batailles à nos adversaires. Un chef de corps doit s'inspirer des circonstances et modifier les ordres qu'il a reçus. Sans doute, en agissant ainsi, il assume une responsabilité terrible ; mais s'il suffisait pour être général de suivre aveuglément un ordre, il ne serait pas nécessaire d'être intelligent pour occuper ce grade. Un capitaine *ferré sur la théorie* serait capable de mener au feu une division.

Les prisonniers faits à Montebello défilèrent dans Voghera ; ils étaient dans un état déplorable. Il avait plu beaucoup les jours précédents et les Autrichiens se laissent facilement abattre par le mauvais temps.

Il faut un quart d'heure à nos troupiers pour reprendre leur gaieté après un orage; dès que le soleil luit, on dirait des pinsons saluant le beau temps après une ondée. Les soldats autrichiens restent mornes et découragés pendant des semaines entières.

Un colonel de zouaves, en voyant défiler les prisonniers, disait ce mot que nous avons recueilli, et qui peint l'armée de Giulay.

— Voilà des gens qui manquent de ressort!

L'effet moral de cette victoire fut grand dans l'armée ; à partir de cet instant, chaque Français se crut en droit de prétendre valoir cinq Autrichiens. C'est avec cette confiance en soi-même qu'on gagne des batailles ; la modestie n'est pas de mise à la guerre.

Cette affaire fit particulièrement une impression profonde sur les zouaves ; le 2ᵉ, que nous avons laissé à Gènes, avait marché sur Voghera.

Il en était assez rapproché pour entendre le canon de Montebello ; nous étions dans un grand bourg, disséminés de maison en maison.

Tout à coup un bruit sourd retentit au loin; un cri vole de bouche en bouche : Le canon ! le canon ! on se bat !

Alors tous les zouaves, comme des fous, de courir éperdus en avant du bourg, d'écouter l'oreille contre terre, pour s'assurer que c'était bien le canon...

Quand le fait fut constaté, il se fit un grand silence et l'on se regarda avec désolation.

Un commandant parut ; lui aussi venait pour écouter.

On l'entoura, on le pressa de questions avec
anxiété.

— Eh bien ! commandant ?

— Eh bien ! mes enfants ?

— Vous n'entendez donc pas le *brutal* qui
gronde ?

— Eh ! si fait ! je ne l'entends que trop bien !

— Commandant, on se bat donc sans nous ?

— Hélas ! oui, mes enfants.

— Et *dur*, encore ! mon commandant. Sont-ils
heureux ceux qui sont là bas !...

La canonnade continuait, et les zouaves se lamen-
taient, et le commandant jurait... On se rapprochait
des fusils, on les caressait, et on disait avec une voix
câline et des yeux flamboyants :

— Commandant, si nous y allions, hein ?

Alors le vieux commandant promena un long regard sur ses zouaves, prêta encore l'oreille, puis dit
avec un gros soupir :

— C'est trop loin, mille tonnerres ! c'est trop loin !

Et pour échapper à la tentation il se sauva.

Il avait des larmes aux yeux et des sanglots dans
la poitrine. Ce jour-là, tout le monde comprit que le
« Pends-toi, brave Crillon !... » de Henri IV était le
mot le plus français de notre histoire. On ne mangea

pas le soir ; on ne dormit pas la nuit. Le lendemain, on sut la victoire. Alors, à ceux qui nous l'apprirent, on demanda :

— Est-ce qu'il y avait des zouaves ?

— Non, fut-il répondu.

Peindre la stupéfaction des zouaves quand ils apprirent qu'on avait vaincu sans eux est chose impossible.

On arriva à Voghera en maugréant.

A peine avait-on mis sac à terre et s'était-on dispersé dans les rues, qu'un des régiments qui s'étaient battu la veille entra dans la ville.

Les zouaves y coururent avec plus d'empressement que les curieux n'en mirent jamais pour assister à un défilé : leur méchante humeur n'était pas calmée.

Tout à coup le régiment déboucha.

Il y eut parmi nous un frémissement d'admiration ; ces compagnies de conscrits étaient splendides.

Ils passaient fiers, contents, radieux, noirs de poudre, le pas léger, le front rayonnant ; tous ces jeunes gens étaient en quelque sorte drapés dans leurs uniformes en lambeaux ; leur drapeau parut, troué, déchiré, haché par les balles et les éclats d'obus, terni par la fumée du combat, attestant l'ardeur de la lutte.

A la vue de ce précieux trophée un vieux zouave porta instinctivement la main à sa calotte et l'ôta, puis un autre, puis un troisième. puis tous... puis

une clameur vibra, saluant les héros qui passaient : « Vive la ligne ! » Et toute la population de
Voghera répéta frénétiquement ce cri, hommage
des vétérans d'Afrique aux jeunes soldats qui
avaient si vaillamment soutenu l'honneur de l'armée.

En terminant, nous allons hasarder une réflexion
sur le combat de Montebello.

Sous le rapport de la tactique (c'est-à-dire comme
manœuvre une fois en présence de l'ennemi), nous
croyons que cette affaire fait grand honneur aux
Français. Comme *stratégie*, quelques théoriciens ont
pensé que, au lieu de courir sus aux Autrichiens
avec une seule division, il eût peut-être mieux valu
se rabattre sur le reste du 1er corps et sur le 2e
corps, de façon à laisser l'ennemi s'engager. On
l'aurait ensuite cerné avec trente ou quarante mille
hommes.

C'est peut-être aussi l'opinion de plus d'un zouave,
mais les zouaves sont les grognards de la jeune armée, et les grognards ne sont jamais contents.

CHAPITRE VII

PALESTRO

Une scène de haute comédie militaire. — Comment on trompe l'espion. — Le jeu de barres. — Les deux journées de Palestro et l'épisode du 3ᵉ zouaves. — Les cartouches mouillées ; à la baïonnette ! — Entrée des blessés à Vercoil. — Les jolis soldats ! — Le caporal Emmanuel. — Massacre.

Le combat de Montebello avait été livré à l'extrême gauche de la ligne d'opération des Autrichiens, toujours retranchés derrière l'angle formé par le Pô et le Tessin.

La victoire que nous venions de remporter devait faire supposer à Giulay que le gros de nos forces se trouvait à Montebello ; le moment était venu de mettre à exécution un plan stratégique conçu depuis longtemps. Il s'agissait de retourner sur ses pas, de se porter rapidement sur l'extrême droite de l'ennemi, qui se trouvait dégarnie, et d'y passer le Tessin.

Il se joua alors une scène de haute comédie stratégique qui eût trois cent mille hommes pour acteurs.
Nos corps d'armée, à part quelques régiments, furent
entassés dans des convois de chemin de fer et trans-
portés en peu de temps d'une extrémité à l'autre de
la ligne de bataille ; pendant ce temps, pour amuser
l'ennemi, un régiment paradait en avant de Montebello. Il défilait, musique en tête, devant les partis
autrichiens, traversait une plaine, s'engageait dans
un vallon, y disparaissait, rentrait dans le village et
en sortait de nouveau ; ainsi pendant huit heures
consécutives.

Or, rien ne ressemblant plus à un régiment d'infanterie qu'un autre régiment d'infanterie, les vedettes de Giulay se figurèrent qu'une innombrable
quantité de Français passaient devant elles. Le général en chef en fut aussitôt prévenu. De tous côtés
des courriers arrivèrent à bride abattue, annonçant
que l'armée française était en marche, et que l'on
voyait les bataillons succéder sans relâche aux bataillons, les brigades aux brigades, les divisions aux
divisions, les corps d'armée aux corps d'armée. Giulay dut supposer qu'on allait le déborder par sa
gauche, et il se hâta de prendre ses mesures pour
arrêter cette formidable attaque.

Mais, pendant la nuit, un train express emporta
le régiment qui venait d'imiter si habilement les
figurants du Cirque. Au jour, nulle trace de l'armée
franco-sarde...

Giulay comprit le tour qu'on lui avait joué.

Il essaya de couper notre ligne d'opération en deux pendant que nous exécutions notre marche de flanc, mouvement toujours dangereux. Mais l'armée du roi Victor-Emmanuel, jetée entre lui et nous, l'arrêta à Palestro, où le général Cialdini se couvrit de gloire.

A ce combat, un colonel sarde remarqua un jeune volontaire qui déployait une bravoure extraordinaire. Il le fit appeler et le nomma caporal sur le champ de bataille; le jeune homme rougit beaucoup, accepta les galons, balbutia un remercîment, fit un salut militaire assez gauche et se retira confus.

— Voilà un garçon timide, pensa le colonel.

A San-Martino, le même colonel aperçut un soldat de son régiment qui faisait le coup de feu avec acharnement en tête des tirailleurs.

Quand la charge sonna, ce soldat fut un des premiers à aborder les Autrichiens.

Le colonel, après l'affaire, prit ses informations, et reconnut le volontaire qu'il avait récompensé un mois auparavant.

Cette fois il le fit passer sergent, et obtint pour lui la croix de Saint-Lazare.

Mais il remarqua encore que ce soldat, si hardi au feu, avait une contenance plus qu'embarrassée devant lui.

— C'est singulier, pensa-t-il, il y a des contrastes qui sont bien bizarres !

6.

La paix se fit, on congédia les volontaires. Le colonel tenait à garder ceux qui s'étaient distingués dans son régiment.

Il essaya de retenir le jeune sergent en lui promettant l'épaulette ; mais il ne put réussir à le persuader. Trois mois plus tard, étant en garnison à Florence, le même colonel remarqua dans une voiture deux dames qui le saluèrent, et dont l'une, toute jeune, parut se troubler extrêmement en l'apercevant.

— Voilà qui est étrange, se dit-il, cette charmante personne ressemble à mon ex sergent.

Informations prises, le colonel sut que la fille de la comtesse B... avait servi dans les rangs piémontais en qualité de volontaire, et qu'elle y avait gagné la croix. Il avait donc eu l'honneur d'avoir la plus jolie fille de Florence sous ses ordres sans s'en douter. Pas un seul soldat n'avait eu plus de pénétration que lui.

Le colonel devint éperdument amoureux de cette Jeanne d'Arc italienne. Malheureusement pour lui, mademoiselle B... aimait un capitaine garibaldien, qu'elle épousa, et qui fut tué depuis au moment où Garibaldi fit la conquête de la Sicile. A Palerme, une femme en deuil soigna les blessés de son armée avec un dévouement admirable : c'était la veuve du capitaine.

Depuis elle est entrée dans un couvent. Mais, dernièrement, dès que les Polonais livrèrent leurs premiers combats, la jeune veuve quitta son monastère et partit pour la Gallicie, où elle remplit avec un zèle héroïque les pénibles fonctions de sœur de charité.

Pendant que les Italiens se battaient à Palestro et que nos divisions étaient transportées par la voie ferrée, quelques bataillons stationnaient le long du Pô pour partager sur divers points la surveillance de l'ennemi.

Malheureusement pour nos soldats, ils étaient assez éloignés des villes, où ils recevaient toujours l'accueil le plus cordial. Il y avait bien quelques fermes ça et là, mais personne ne songeait à marauder en pays ami pour grossir l'ordinaire assez maigre des compagnies. Il arriva qu'un jour la distribution de viande vint par hasard à manquer dans un bataillon : c'était un commencement de famine.

De l'autre côté du Pô on apercevait des vedettes juchées sur des montures grasses et dodues qui faisaient envie à nos troupiers affamés et dépourvus de toute espèce de préjugé ridicule au sujet de la nourriture.

— Encore si l'on avait un de ces chevaux-là, — murmuraient-ils, on ferait un fameux bouillon !

— Parbleu ! — s'écria un vieux troupier, qui avait servi longtemps en Algérie, — si vous voulez des chevaux il faut en aller prendre.

— Mais comment ? — demanda-t-on.

— Attendez la nuit, — répondit le grognard.

En effet, vers onze heures du soir, le vieux soldat prit avec lui dix bons nageurs, et ils passèrent le Pô n'emportant que leurs baïonnettes et des cordes très-solides.

Ils abordent silencieusement l'autre rive, un peu au-dessus d'un petit poste de trois cavaliers, dont la consigne était de s'assurer si les Français ne jetaient point des ponts de bateaux sur le fleuve. Ces vedettes étaient bien loin de se douter du sort qui les attendait; ne voyant aucun préparatif dans notre camp, elles s'étaient assoupies sur leurs montures.

Tout à coup les dormeurs furent jetés à terre, désarmés et garottés avant d'être revenus de leur surprise. Puis, ils virent des hommes, ou plutôt des fantômes, s'emparer de leurs chevaux et se précipiter dans le fleuve avec eux. Quand ils songèrent à pousser des cris d'alarme il était trop tard: les maraudeurs avaient déjà gagné le milieu du courant.

Bientôt les Autrichiens purent voir dans le bivac français des feux s'allumer partout; devant eux les soldats faisaient rôtir d'énormes quartiers de cheval enfilés à des broches improvisées avec des baguettes de fusil.

Dans l'armée française, on condamne à mort la sentinelle qui s'endort en face de l'ennemi; parfois on exécute la sentence...

Dans l'armée autrichienne, on en est quitte pour une volée de coups de bâton...

Autre nation, autres mœurs.

Quand on parle de l'affaire de Palestro, on confond généralement le furieux combat livré par l'armée sarde, seule, le 30 mai au soir avec le brillant engagement qui eut lieu le lendemain et auquel le 3ᵉ zouaves prit une part si glorieuse. Les Autrichiens vaincus la veille, essayaient de reprendre la position qu'ils avaient perdue ; ils allaient tourner l'armée sarde, quand les zouaves aperçurent leurs canons couronnant une éminence, au-dessus d'un canal qu'ils traversèrent bravement pour s'emparer à l'arme blanche de la batterie.

Ce fut une charge d'une témérité inouïe, car on avait mouillé les cartouches ; ils ne purent employer que l'arme blanche.

Trois cents zouaves furent mis hors de combat dans cette affaire, ils furent évacués sur Verceil dans des charettes fournies par les paysans et dans les voitures du train.

Leur entrée dans Verceil fut une des scènes les plus émouvantes auxquelles nous ayons jamais assisté.

Les rues de la ville étaient pleines de soldats de toutes armes ; la garde impériale, l'infanterie, la cavalerie, les zouaves du 2ᵉ régiment, l'artillerie, les chasseurs sardes, les bersaglieri, une masse énorme enfin de militaires des deux nations, mêlés, pressés, étaient accourus des camps voisins ; les habitants groupés sur les places, hissés sur des bancs, sur

des siéges, sur des bornes, regardaient de tous leurs
yeux le convoi qui arrivait : les femmes, penchées
aux fenêtres, attendaient avec impatience... Tout le
monde parlait, discutait, gesticulait... soudain un
cri se fit entendre : Les voilà ! les voilà !... Alors le
silence le plus profond régna au milieu de la foule
qui s'écarta respectueusement et se découvrit.

Neuf canons que traînaient les prisonniers autrichiens s'avançaient entourés par ceux des blessés
qui pouvaient marcher. Tous couverts encore de la
poussière du combat, l'uniforme rougi de leur sang
et les mains tachées par celui de l'ennemi, les zouaves
firent une impression profonde. Leurs figures bronzées, leurs yeux rayonnant encore des ardeurs de la
lutte, leurs longues barbes éparses sur leurs larges
poitrines, leur fière attitude enfin, sous leur magnifique uniforme, tout en eux frappa les imaginations
italiennes. Il y eut un instant de stupeur : malgré
leur renommée, l'Italie ne s'attendait pas à voir nos
soldats si grands ?

Tout à coup l'admiration éclata en transports frénétiques ; il y eut une explosion de bravos et de vivats
qui retentit comme un tonnerre.

Après les canons parut une longue file de chars
pleins de blessés, dont plusieurs allaient rendre
bientôt le dernier soupir...

Il y avait des taches humides et rougeâtres au
fond de toutes les voitures ; bien des visages étaient
livides..

Mais par un accord unanime, presque tous les blessés se levèrent, s'entr'aidant de leur mieux ; ceux qui purent le faire ôtèrent leurs calottes et les agitèrent, saluant à la fois l'armée et le peuple... Puis, tous ensemble, ils poussèrent un hourra énergique.

C'était une protestation contre la pitié, dont ils ne voulaient pas, contre la douleur qu'ils bravaient.

Alors un enthousiasme délirant s'empara de tous les spectateurs ; chacun s'élança vers les blessés, voulant à tout prix échanger avec eux une marque de sympathie. On les enleva et on les transporta dans les maisons.

Les dames étaient descendues dans les rues et se mêlaient à la foule ; leurs mains frêles pressaient les mains affaiblies des blessés, leurs lèvres tremblantes déposaient les plus touchants baisers sur les fronts pâlis des mourants.

Mais derrière le convoi apparurent neuf cents prisonniers faits pendant le combat.

Ils défilèrent, l'œil morne, la tête basse, devant la multitude mal disposée à leur égard.

Ce dut être un châtiment bien poignant et bien mérité que celui des Autrichiens, qui rentrèrent vaincus dans les villes où ils avaient affiché tant d'insolence et causé tant de scandale.

On ne se figure que très-difficilement combien les cités italiennes eurent à souffrir sur le passage de l'armée ennemie. Frappés de réquisitions énormes par les chefs, les habitants avaient en outre à subir les rapines des soldats. Si l'on ne payait pas assez vite les contributions de guerre, les membres de la municipalité, rendus responsables, étaient conduits sur la place publique et menacés d'être fusillés dans un certain nombre de minutes. Le peloton d'exécution était là, fusil chargé. Plusieurs fois la sentence fut exécutée. Enfin, il faut bien le dire, les femmes de la classe moyenne étaient insultées dans leurs magasins par la soldatesque; celles de l'aristocratie avaient à supporter les brutalités des officiers logés dans leur palais... Des pièces authentiques attestent la barbarie incroyable dont fit preuve l'armée autrichienne.

Il est regrettable qu'une armée européenne, composée de braves soldats, se soit laissée entraîner à de pareils excès.

CHAPITRE VIII

TURBIGO

LE TURCO. — Les spahis sont exclusivement recrutés parmi les Arabes; les régiments de turcos sont formés par des hommes de toutes les races musulmanes que nous avons décrites.

L'Arabe n'aime pas à servir dans ce corps d'infanterie; quand il s'y engage, c'est qu'il ne peut faire mieux : tantôt c'est un coupe-jarrets qui veut échapper aux recherches, ou bien encore c'est un pauvre diable fatigué d'être battu par son cheick, mal nourri et point payé.

Heureusement ces deux éléments sont en faible

7

minorité dans les régiments. C'est aux individus de cette espèce qu'il faudrait attribuer les méfaits qui auraient été commis à Paris lors de la rentrée d'Italie, méfaits imaginaires peut-être, puisqu'aucun n'a été prouvé.

Les nègres et les coulougles (fils de Turcs et d'Arabes) s'engagent aussi parmi les Turcos et y servent très-bravement, très-fidèlement.

Enfin les Kabyles forment le noyau des compagnies de turcos. Ils ont toutes les qualités des Suisses. Bons marcheurs, braves, sobres, ils ne demandent qu'à être bien payés pour se bien battre : ils l'ont prouvé en toute occasion. Tous ces éléments réunis forment trois superbes régiments qui font merveille sur le champ de bataille. En Italie, à Turbigo, les turcos ont marché sur les Autrichiens avec un sang-froid magnifique, ont déchargé leurs fusils à bout portant et les ont dispersés à la baïonnette. A Magenta ils ont soutenu une charge de cavalerie d'une façon très-brillante. Pendant toute la campagne, ils ont tenu bon sous les boulets. C'est là peut-être ce qu'il y eut de plus remarquable.

Bien commandés, bien soutenus, les turcos sont d'excellents soldats ; ils ont sur les spahis l'immense avantage de se soucier fort peu de Mahomet. Les coulouglis ne croient à rien, les nègres croient à tout, ce qui revient presque au même ; quant aux Kabyles, peu fanatiques avant d'être soldats, ils finissent par devenir assez indifférents en matière de religion. Il en résulte que messieurs les turcos, sans souci du Coran, se grisent dans les cabarets avec du vin d'Espagne et se moquent des marabouts quand ils retournent dans leurs villages. Ils font alors les esprits-forts, ne croient plus au Djenoun, (démon), rient des amulettes, et fréquentent plus le café maure que la mosquée. Un ex-turco, dans son village kabyle, ressemble fort à un *ancien* du temps de la République dans un de nos hameaux.

Pour en finir avec les soldats indigènes, disons quelques mots des troupes d'Abd-el-Kader, qui était parvenu à organiser à la française, environ dix mille hommes. Il nous avait pris tout notre système régimentaire, y compris la comptabilité, les tambours et la décoration.

Cette décoration se composait d'une main de métal dont tous les doigts étaient fermés, sauf l'index, attestant l'existence d'un seul Dieu.

Le métal variait selon le grade de celui qui portait cet insigne.

Une solde y était attachée.

Les troupes étaient partagées entre dix khalifats (lieutenants) commandant chacun mille fantassins, cinq cents cavaliers réguliers et ayant une batterie de deux pièces.

Chacun des lieutenants d'Abd-el-Kader recevait environ dix mille francs par an de notre monnaie.

« Je vous paie, leur disait l'émir, afin que vous « n'ayez aucun motif pour voler vos administrés.

« Donc, si l'un de vous se rend coupable d'une exac-
« tion, il sera sévèrement puni. »

Et, assis sous sa tente ou sous un figuier, Abd-el-
Kader écoutait toutes les plaintes et y faisait droit.
Un pauvre homme vint se plaindre un jour qu'un
régulier lui avait volé son âne.

L'émir fit venir le voleur et lui demanda ce qu'il
avait fait de l'animal.

— Je l'ai vendu, répondit le soldat en tremblant.

— Prends cet homme, dit alors l'émir au plai-
gnant; il est ton esclave à partir d'aujourd'hui. Il
remplacera ton âne.

Parmi les lieutenants d'Abd-el-Kader, l'un des
plus célèbres fut Sidi-Embarek.

C'était à la fois un tacticien distingué et un brillant
orateur. Quand l'émir voulait soulever une tribu, il
envoyait Embarek lui prêcher la guerre sainte, et
les Arabes se levaient en masse, entraînés par sa
parole éloquente. Mieux qu'Abd-el-Kader, Embarek
savait faire manœuvrer les réguliers; souvent il
réussit à les former en bataillons carrés. Une fois
même, il électrisa si bien ses soldats qu'ils soutinrent le choc de nos chasseurs d'Afrique. Ils furent
sabrés à outrance, et Sidi-Embarek, entouré par
nos cavaliers, périt bravement, après avoir tué un
officier, un brigadier et trois chasseurs d'Afrique :
c'est une des plus belles défenses que l'on puisse
citer dans l'histoire de la conquête.

Abd-el-Kader était parvenu à établir une fonderie

de canons à Mascara. S'il eût commandé à des Kabyles et non à des Arabes nous eussions eu beaucoup plus de peine encore à conquérir l'Algérie. Il comprit si bien ce que valaient les montagnards, qu'il essaya de se faire nommer leur chef. Mais ceux-ci aimaient trop leur liberté pour accepter son despotisme.

L'entrevue qui eut lieu entre lui et les amins du Djurjura, sur les bords de l'Oued-Sebaou, n'amena aucun résultat.

Réduit à n'avoir pour soldats que des Arabes, cet homme de génie succomba dans sa lutte contre nous. Il avait cru à la nationalité d'un peuple pour qui ce mot était vide de sens, d'un peuple auquel il essaya en vain de rendre la vie.

Abd-el-Kader fut pour la race arabe ce qu'est l'étincelle électrique à un corps inanimé ; il le galvanisa pendant quelque temps et l'agita dans des convulsions qui ne servirent qu'à constater son impuissance. Son appel n'eut qu'un écho passager ; les bras manquèrent à l'idée.

L'émir n'en reste pas moins une des plus grandes figures de notre époque.

On lui a adressé des reproches injustes.

On lui impute le massacre de prisonniers qui furent égorgés malgré ses ordres. On oublie qu'il commandait à des fanatiques, et que c'était déjà un grand point que d'avoir obtenu d'eux de faire quartier à des chrétiens pris les armes à la main. Sa

conduite pendant les massacres de Syrie prouve sa
noblesse et sa générosité. Nous avons connu un
zouave qui, après avoir souffleté un chef ne put
échapper à une condamnation à mort qu'en se réfu-
giant chez l'ennemi. Il a vu de près Abd-el-Kader
et en fait le plus grand éloge.

Ce zouave, comme chef de pièce, assista au siége
d'Aïr-Meddir par Abd-el Kader; mais à la première
affaire que celui-ci engagea contre les Français, il
rejoignit son régiment et obtint l'amnistie.

Il fut plus tard repris par les Arabes et reconnu.

Conduit devant Abd-el-Kader, il fut interrogé par
lui sur les causes de sa désertion.

— Tant que tu t'es battu contre d'autres Arabes,
dit-il, je t'ai servi fidèlement; mais quand il s'est
agi de tirer sur les Français, je n'ai pu m'y ré-
soudre.

L'émir lui fit donner cent francs et le renvoya à
Oran.

Les turcos, qui venaient d'arriver à Verceil, se
faisaient une singulière idée de la guerre d'Italie;
selon eux, les Autrichiens, qu'ils appelaient Ouled-
Tudesk, étaient une tribu insoumise qui avait fait
des razzias sur le territoire des Beni-Montais (les
Piémontais), alliés au sultan de France. Celui-ci
voulait châtier les maraudeurs. Impossible de leur
faire comprendre autre chose. Ils professaient le plus
profond dédain, du reste, pour les Ouled-Tulesk, et
riaient entre eux de l'outrecuidante audace dont ils

avaient fait preuve en attaquant une tribu amie des Français.

A Turbigo, ils marchèrent à l'ennemi l'arme au bras, ne tirèrent qu'à bout portant et le culbutèrent ensuite le plus crânement du monde.

Nous entendîmes un jour un turco s'écrier en arabe en voyant passer des prisonniers :

« Imbéciles ! ça vous apprendra à vous révolter ! » Il ajouta même une expression équivalente à celle de : « Barbares, va ! »

Pauvre turco ! il se croyait déjà civilisé !

Comparée aux campagnes de Crimée et d'Afrique, celle d'Italie fut une des moins pénibles que notre armée ait jamais entreprises. A part quelques journées de marche assez fatigantes, on ne fit guère que cinq lieues par étapes ; on couchait ordinairement dans les églises et dans les monuments publics des villes que l'on traversait ; on jouissait de tout le confortable qu'un militaire peut désirer pendant la guerre.

Aussi nos soldats montraient-ils une gaieté et une verve intarrissables, qui contrastaient avec le découragement et la tristesse des Autrichiens ; les Italiens étaient stupéfaits de la désinvolture et de l'entrain de nos troupiers. La France a conservé l'esprit de saillie et la bonne humeur traditionnelle des Gaulois ; telle fut la légion césarienne de l'*Alouette*, de si glorieuse et si joviale mémoire, tels sont nos régiments actuels.

Un Italien nous disait : « Longtemps après que

vous avez quitté nos villes, l'on entend encore l'écho de vos chansons et de vos éclats de rire. »

Cette gaieté est le privilége du Français.

L'Anglais marche au feu froidement, et il se bat consciencieusement, comme fait l'ouvrier honnête qui ne veut pas voler son salaire.

Le Russe se rue sur l'ennemi avec un fanatisme aveugle, surexcité pendant le combat par l'ivresse et la crainte du knout. Un régiment russe, avec ses caporaux, lanières en main, ressemble à une meute lancée sur une piste.

L'Espagnol, très-brave et très-sobre, garde à la bataille une attitude de matamore ; chaque soldat pose pour le *Cid* ; il se drape dans son uniforme et appellerait volontiers son *coupe-choux sa bonne lame de Tolède*.

L'Italien a des élans magnifiques, suivis parfois de revirements subits ; soldat-poëte, il fait du lyrisme sur le champ de bataille ; dans une épopée militaire, il y a des vers sublimes au milieu de passages ternes et sans chaleur.

L'Allemand, lui, ceint son grand sabre autour de sa taille d'une rotondité imposante, met son casque à panache et il s'en *va-t-en* guerre avec une pompe solennelle ; les jeunes filles le parent de guirlandes fleuries, les ménestrels chantent ses vertus et sa belliqueuse ardeur, les petits enfants marchent à ses côtés en frappant sur leurs tambours microscopiques. Le guerrier germain, au milieu de ces hommages, se redresse comme un héros de Schiller ; il fait aux siens un discours dans lequel il jure de pourfendre les Français avec le vénérable glaive des burgraves, ses ancêtres ; il promet de ne revenir que quand il aura haché l'ennemi, menu comme chair à pâté ; il embrasse sa blonde et frêle fiancée, représentée par une maritorne rousse ; il serre la main de ses proches, prend une chope, et le voilà parti, bien décidé à mourir.

Mais, hélas ! il a les pieds plats et ne peut marcher longtemps ; la bière étant un breuvage lourd et froid, il manœuvre lentement son grand sabre ; mais avec la meilleure volonté de se faire tuer glorieusement, il ne réussit assez souvent qu'à se faire battre et à se faire prendre.

Les généraux intelligents, en Allemagne, ont si bien compris les inconvénients du tempérament national, qu'ils ont essayé de le changer ; par ordre ministériel, on boit force café maintenant dans les armées d'outre-Rhin ; cela suffira-t-il pour créer des zouaves allemands ? on verra bien, mais nous en doutons.

Nos soldats, outre la gaieté, ont un grand fond de bonhomie qui leur a conquis les sympathies du peuple italien. Dans les bourgs où ils séjournaient, ils offraient galamment leurs cœurs et leurs services aux jeunes filles pour leur épargner le surcroît de travail qu'occasionnait leur présence au sein des ménages.

A l'époque de la guerre, on récoltait des feuilles de mûrier pour nourrir les vers à soie ; le soir, après la retraite, on voyait dix ou douze soldats à la figure martiale s'asseoir en cercle autour de la famille qui les hébergeait, et, tout en causant, éplucher paisiblement les feuilles de mûrier. Ces scènes domestiques avaient un aspect patriarcal ; rien de plus gracieux qu'une belle paysanne italienne et ses fillettes trônant au milieu d'une escouade de zouaves dont les armes dormaient en faisceaux, à deux pas de là, sous l'œil d'une sentinelle.

Un soir, près de Novare, un avant-poste occupait un hameau de cinq à six maisons ; une fois les factionnaires placés, les soldats improvisèrent un bal en plein air et firent danser les femmes du hameau au son d'un orchestre composé d'un violon, d'un tambour, et d'un clairon, le tout s'accordant tant bien que mal.

Tout à coup une vedette accourut prévenir qu'un peloton de uhlans approchait.

— C'est bien, — dit un vieux sergent, — retourne à ton poste et n'aie l'air de rien.

Le factionnaire s'en alla tranquillement.

On acheva la contredanse, et le vieux sergent dit aux femmes :

— Nous allons faire une petite tournée dans les environs ; vos maris vont avoir l'obligeance de vous faire valser pendant notre absence, qui ne sera pas longue. Veuillez nous excuser, le service avant tout.

Les paysannes parurent contrariées, mais leurs cavaliers promirent de ne pas tarder, et le bal continua. Le sergent conduisit ses hommes sur le chemin que suivaient les uhlans, et les cacha derrière une haie épaisse ; de là on apercevait le bal.

Les uhlans s'avançaient au petit trot ; mais quand ils virent le hameau en fête, ils mirent leurs chevaux au galop, flairant quelque bonne aubaine.

Lorsqu'ils arrivèrent en face de l'embuscade le vieux sergent cria :

— Joue... feu !

Une détonation retentit, une dizaine de cavaliers roulèrent sur le sol ; le reste s'enfuit à toute bride, laissant les morts, les blessés et leurs chevaux aux mains des Français.

On comprend l'émoi causé par la fusillade parmi les danseuses ; mais elles virent bientôt revenir les soldats, qui ramenaient les chevaux.

— Mes enfants, dit le sergent, — nous avons voulu vous faire un petit cadeau d'amitié ; voici des bêtes magnifiques qui traîneront vos charrues à l'automne prochain ; pour l'instant emmenez-les à l'étable et servez-nous à boire !

On conçoit quel accueil reçut un pareil présent Les valses reprirent de plus belle ; seulement quelques jeunes gens allèrent enterrer les morts et porter les blessés à Novare.

Six jours plus tard, un cacolet d'ambulance s'arrêtait dans le hameau pour y déposer un amputé,

dont l'état était si grave qu'on ne pouvait le transporter plus loin. Les habitants reconnurent le vieux
sergent de l'avant-poste ; une veuve qui avait été sa
danseuse réclama l'honneur de le soigner. Elle le fit
avec tant de dévouement qu'il se rétablit ; pendant
sa convalescence, le sergent remarqua que son
hôtesse n'avait qu'une trentaine d'années, qu'elle
était encore très-bien, et qu'elle avait toutes les
qualités d'une excellente ménagère.

Elle exploitait courageusement sa ferme, et jouissait de l'estime de tous ses voisins, qui d'un commun accord lui avaient abandonné deux des chevaux
pris à l'ennemi.

La fermière de son côté, n'était pas insensible aux
galants propos du sergent ; sa figure martiale et la
rondeur de ses manières l'avait séduite ; un jour la
croix d'honneur et le brevet d'une pension de huit
cents francs furent envoyés à l'amputé, qui n'hésita
pas à demander aussitôt la main de son hôtesse.

Le mariage se fit, et le bal eut lieu précisément
au même endroit que celui où les deux époux
avaient dansé pour la première fois ; au milieu
de la nuit, un galop rapide retentit et un cavalier
piémontais parut.

Il apportait un pli cacheté au vétéran français :
c'était sa nomination à un emploi de garde supérieur
des eaux et forêts, sollicité pour lui par les notables
du pays.

« Et maintenant, » nous écrivait dernièrement le

« vieux sergent, avec ma femme et mon petit gamin,
« je suis heureux comme un *coq en plâtre*, à part
« mon bras qui est resté à Magenta. »

La veille de cette bataille, qui fut si meurtrière,
le 2ᵉ régiment de zouaves s'emparait du *Vieux-Pont,*
qui eut tant d'importance le lendemain. Le régiment
avait dormi en face d'une redoute autrichienne que
protégeait la tête du pont. A cinq heures du matin,
au moment où l'on prenait le café, on entendit une
forte explosion à mille mètres en avant.

C'était le Vieux-Pont que les Autrichiens faisaient
sauter après avoir repassé le Tessin ; le régiment
prit les armes et courut à la redoute.

Elle était formidable, mais abandonnée.

Le régiment en couronnait les retranchements.
Tout à coup un zouave aperçut un fil électrique
enduit de gutta-percha ; il cria : « Sauve qui peut ! »
et à coups de sabre il coupa le fil, se dévouant au
salut de tous.

Quelques minutes plus tard, et l'un des plus beaux
régiments de l'armée d'Afrique eût été anéanti. Le
fil aboutissait d'une part aux bords du Tessin et de
l'autre à une mine...

De la redoute on marcha vers le pont ; une seule
arche avait sauté ; mais deux blocs énormes de
maçonnerie, s'arc boutant aux piles, formaient une
voûte qui ne paraissait plus tenir que par un miracle
d'équilibre.

La première compagnie s'arrêta hésitant à fran-

chir ce passage périlleux, semé de trous par lesquels on voyait l'eau couler, rapide et profonde.
Comme on délibérait, on aperçut quelques Croates
de l'autre côté du Tessin.

Il n'en fallut pas davantage pour entraîner tout le
monde ; la compagnie se jeta à corps perdu au milieu
des débris de l'arche défoncée et elle passa... Le
régiment suivit...

Les sapeurs du génie furent appelés, la voûte fut
consolidée ; en moins d'un quart d'heure on put faire
traverser le Tessin aux canons. Le lendemain, la
garde impériale débouchait par ce *Vieux-Pont*, et la
première phase du combat de Magenta commençait.
Bientôt nous entendîmes tonner le canon de Turbigo,
environ à quatre lieues sur notre gauche.

On nous fit repasser le fleuve, que nous remon-
tâmes. Nous espérions arriver assez tôt pour prendre
part au combat ; mais le canon se tut, et cette fois
encore nous ne pûmes rejoindre l'ennemi. A six
heures du soir, nous étions en face d'un pont de
bateaux que nos pontonniers avaient improvisé en
quelques minutes.

Quand le bivouac fut établi, on se mit en quête
des nouvelles de la journée ; il y en eut une qui
amusa beaucoup le deuxième corps. Une avant
garde d'infanterie avait rencontré un verger rempli
de cerisiers ; il faisait une chaleur étouffante, les
soldats voulurent y entrer pour cueillir des cerises.
Presque sur chaque arbre ils aperçurent une

espèce de mannequin affublé d'un uniforme autrichien.

Nos soldats crurent d'abord que c'étaient réellement des mannequins destinés à faire peur aux moineaux.

Puis ils se mirent à secouer les arbres...

Mais les prétendus mannequins commencèrent à remuer bras et jambes, à crier de toutes leurs forces ; c'étaient des maraudeurs surpris par l'avant-garde, et qui, n'ayant pas eu le temps de fuir, n'avaient rien trouvé de mieux que de se hisser sur ces cerisiers, espérant s'y dérober aux regards des nôtres.

En effet, si l'on n'avait pas fait halte en cet endroit, ils n'auraient pas été *pincés*.

Il y en avait un qui ne voulait pas se décider à descendre : on fut obligé de le faire dénicher par deux voltigeurs, qui eurent toutes les peines du monde à s'emparer de cet oiseau d'une si singulière espèce.

Près d'un village voisin de Turbigo, des soldats d'un régiment de ligne rencontrèrent une jeune fille qui pleurait au bord d'un chemin. A peine avait-elle seize ans ; ils l'emmenèrent au camp. Elle raconta qu'elle n'avait pour tout parent qu'un frère, et que les Autrichiens l'avaient fusillé parce qu'il n'avait pas voulu leur servir de guide ; elle se trouvait désormais seule au monde et privée de son unique soutien.

Les soldats se cotisèrent et remirent une petite somme à la sœur du martyr italien.

Une cantinière, ayant entendu parler de cette aventure, proposa à la jeune fille de l'emmener avec elle ; elle y consentit, probablement avec une arrière-pensée. En effet le lendemain, dès que le canon tonna, la jeune fille abandonna les bagages et courut là où l'on se battait ; elle ramassa un fusil, se porta en avant de la ligne de tirailleurs, et à la grande stupéfaction de nos soldats, elle se précipita intrépidement au milieu d'un groupe d'Autrichiens.

L'officier qui commandait les tirailleurs les lança au secours de la jeune fille, qui fut délivrée, mais elle avait reçu deux blessures.

On la conduisit aux ambulances, où elle fut l'objet d'un enthousiasme universel ; malheureusement, le troisième jour elle succomba. Elle avait tué de sa main l'officier qui avait ordonné la mort de son frère ; elle l'avait reconnu sur le champ de bataille.

CHAPITRE IX

LES GARIBALDIENS

Les volontaires de Garibaldi. — Les soldats de quinze ans. — L'ar
mée volante du feld-maréchal Urban. — Comment Garibaldi se
passait de ponts. — Varèse, Côme et Monza. — Les volontaires de
Savoie. — Les garibaldiens français. — Un gamin de Paris. — Un
drame de famille.

Pendant que nous battions l'ennemi, Garibaldi
faisait des merveilles à notre gauche.

Il n'avait avec lui que quatre mille hommes environ, tous volontaires et gens de cœur ; le grand pa-
triote n'avait pas pu réunir un plus grand nombre
de soldats sous sa bannière ; mais ceci n'a rien
d'étonnant: les émigrés vénitiens, lombards, toscans,
romains, qui étaient venus en foule offrir leurs bras
pour la délivrance de l'Italie, étaient enrôlés dans
l'armée régulière du Piémont.

On n'envoyait à Garibaldi que ceux qui ne rem-
plissaient pas les conditions d'âge, de taille ou de

santé pour entrer dans les régiments sardes. Aussi voyait-on dans les bataillons de chasseurs des Alpes, commandés par Garibaldi, des enfants au-dessous de dix-sept ans et des hommes à cheveux gris, des tailles difformes, des corps débiles ; mais le courage ne se mesure pas à la toise, comme dans les armées d'autrefois, où les régiments composés des plus hauts grenadiers étaient réputés les meilleurs ; aujourd'hui ce vieux préjugé, qui a pris naissance au bon temps des armures, n'existe plus ; l'adresse au tir et l'agilité à la *baïonnette* ont remplacé la force brutale.

Et les garibaldiens l'ont bien prouvé.

Ils ont été superbes dans toutes les rencontres qu'ils ont eues avec les lourds et solides enfants de l'Allemagne ; ils les ont harcelés, harrassés, battus et écrasés dans une série d'escarmouches, d'engagements, de combats et de batailles, où tout un corps d'armée de vingt mille Autrichiens a fondu peu à peu « comme *du beurre au soleil*, » nous disait un parisien de seize ans qui faisait partie des chasseurs des Alpes.

La mission de Garibaldi était de protéger notre aile gauche contre une surprise, et d'éclairer notre flanc en nous avertissant des mouvements tournants qu'aurait pu tenter l'ennemi.

Le nom de Garibaldi avait un tel prestige que, malgré le petit nombre de soldats dont il disposait, l'Autcrihe lui opposa le feld-maréchal Urban, avec vingt mille fantassins, trois mille chevaux de batteries d'artillerie, un train d'équipages et une intendance particulière.

Ce corps d'armée avait toute sa liberté d'action ; il pouvait se mouvoir indépendamment de toutes les combinaisons stratégiques du général en chef ; il avait été allégé autant que possible ; bref son infanterie ne se composait que de *divisions légères*, sa cavalerie que d'*escadrons de course* ; ses batteries n'avaient que des canons d'*allure*, ses équipages de pont étaient en caoutchouc, et enfin ses bivouacs s'appelaient des camps volants.

Cette armée était si légère que les officiers craigaient qu'elle ne fut emportée comme une plume au moindre coup de vent. Ils eurent depuis, plusieurs occasions de se rassurer, car les garibaldiens prouvèrent à ces braves gens que leurs régiments légers marchaient avec la sage lenteur des tortues *s'en allant en sémestre* (terme consacré depuis longtemps dans nos armées pour désigner les traînards).

La première opération de Garibaldi devait être le passage du Tessin; les Autrichiens, légèrement assis sur l'une des rives, fumaient leur pipe avec une gravité tudesque en se promettant de ne pas laisser passer les chasseurs des Alpes ; ils regardaient leurs ennemis échelonnés sur l'autre rive, et ils les narguaient en chantant un air allemand équivalant au *Pont cassé* ; par une plaisanterie de mauvais goùt, ils avaient détruit tous les ponts.

Tout à coup les Autrichiens apprirent par leurs espions que Garibaldi faisait préparer des logements et des approvisionnements à Arona ; cette ville, située sur les bords du lac Majeur, était fort au dessus du point qu'ils gardaient.

— Bon ! — pensèrent les généraux ennemis, — voilà Garibaldi qui pense échapper à notre surveillance ; mais nous allons bien le surprendre quand il nous trouvera en face de lui à Arona.

Et aussitôt des ordres furent donnés au corps d'armée pour se mettre en marche ; le camp volant fut levé, les *divisions légères* prirent le pas gymnastique allemand, qui consiste à lever les jambes très-haut sans beaucoup avancer, les *escadrons de course* s'élancèrent, et, après avoir forcé les étapes, les Autrichiens haletant arrivèrent devant Arona.

Ils s'établirent en face de la ville, prirent leurs dispositions de combat, et, par leurs espions, s'informèrent auprès des habitants si l'on avait vu les garibaldiens.

Pas une seule chemise rouge n'avait paru ; grande fut la joie des Autrichiens ; ils avaient devancé leurs ennemis.

Aussitôt on travailla à dresser des embuscades, à élever des redoutes, à établir des postes, à placer des vedettes ; les vedettes avaient ordre de se replier sur les postes, les postes sur les embuscades, les embuscades sur les redoutes, afin d'attirer l'ennemi dans le piége ; les soldats en fuyant devaient simuler la plus grande frayeur, pour donner de la confiance aux Italiens, qui allaient venir au nombre de quatre mille donner tête baissée au milieu de vingt mille Autrichiens. L'on attendit dans cette douce espérance. Les minutes, les heures, les jours se passèrent, et, comme sœur Anne, les vedettes ne *voyaient rien venir.*

Tout à coup on apprit que Garibaldi, après avoir fait mine de marcher sur Arona, s'était brusquement détourné et avait passé le Tessin à Castelletto.

— Mais, c'est impossible! — s'écria un général autrichien quand on lui annonça cette nouvelle; — j'ai coupé tous les ponts et Garibaldi n'en a pas.

C'était la vérité; le général n'avait pas d'équipage de pont, mais il avait établi un *va-et-vient* avec un bac qui tenait à la fois de la barque et du radeau; c'est ainsi qu'il avait transporté sa petite armée sur l'autre rive; chacun de ses volontaires emportait quatre fusils sur ses épaules. Les chasseurs des Alpes marchèrent audacieusement sur Varèse, entièrement dégarnie de troupes; ils y entrèrent sans coup férir.

Les habitants enthousiasmés les accueillirent avec des bravos frénétiques; Garibaldi leur adressa aussitôt une proclamation par laquelle il les appelait aux armes. Les volontaires distribuèrent les fusils qu'ils avaient apportés en surcharge; tous les jeunes gens de la ville s'enrôlèrent parmi les garibaldiens. On apprit que les Autrichiens, furieux d'avoir été joués, accouraient pour reprendre Varèse.

Ils s'étaient en effet établis entre la ville et le Tessin, coupant la retraite aux chasseurs des Alpes. La situation était étrange. Les Italiens tournaient le dos à l'Autriche; les Autrichiens tournaient le dos à l'Italie. Garibaldi harangua le peuple de Varèse, et l'électrisa en lui prêchant l'héroïsme. Hommes, femmes, enfants et vieillards, tout le monde descendit dans la rue; on éleva des barricades, on crénela les maisons, on amoncela des pierres aux différents étages pour en écraser l'ennemi; puis chacun fit le serment solennel de mourir plutôt que de laisser les Tudesques rentrer dans la cité affranchie de leur joug.

Garibaldi parcourut les rues, acheva d'organiser la défense, fit rectifier quelques dipositions défectueuses, et, pour donner un moyen de ralliement aux habitants, il leur laissa deux cents volontaires, qui formèrent trois ou quatre têtes de colonne.

Cela fait, le général sortit mystérieusement de Varèse avec son armée; il longea une ceinture de collines en arrière de la ville et il disparut. Urban et ses vingt mille hommes parurent bientôt, et l'attaque commença.

Les Autrichiens croyaient les garibaldiens dans Varèse, mais ils comptaient pour rien les bourgeois et pour peu de chose les volontaires italiens; ils ne redoutaient que Garibaldi. Mais avec si peu de mon-

de que pouvait-il faire ? Quatre mille contre vingt
mille !

Les généraux étaient si sûrs de vaincre qu'ils prenaient des mesures pour cerner les chasseurs des
Alpes, afin, disaient-ils, que pas un ne pût se sauver.
Forts de leur nombre, les Autrichiens négligèrent
de battre en brèche les barricades ; ils voulurent les
enlever à la baïonnette. Aucun uniforme ne se mon-
trait, la ville semblait abandonnée ; un bataillon des
Tyroliens se mit à tirailler pour engager l'affaire,
mais pas un coup de feu ne répondit à sa fusillade.
Alors les Autrichiens se figurèrent que les garibaldiens avaient quitté Varèse et leur avaient encore
une fois échappé.

Les tambours battirent la charge, les clairons
sonnèrent des fanfares belliqueuses, toute l'armée
d'Urban s'ébranla et se précipita sur les barricades
en poussant des hourras menaçants.

Les Autrichiens furent magnifiques d'élan jusqu'au pied des remparts improvisés par les habitants ; un silence de mort régnait dans les rues ; les
persiennes des maisons étaient closes, tout promet-
tait une facile victoire. Mais soudain les crêtes des
barricades s'illuminent des lueurs sinistres de la
fusillade ; les fenêtres des maisons s'ouvrent comme
par enchantement, et laissent passer des canons de
carabines qui lancent la mort ; des cailloux énormes
tombent du haut des toits sur les assaillants, et le
cri de Vive la liberté ! retentit dans l'air.

Les Autrichiens tombaient par centaines. La charge à l'arme blanche pouvait seule avoir du succès; ils l'avaient bien commencée, mais le premier obstacle les avait arrêtés net. Bientôt, la position ne fut plus tenable; ils battirent en retraite.

Les Italiens, choisissant admirablement leur moment, sortirent de leurs embuscades et leur donnèrent une chasse vigoureuse. Les fuyards ne s'arrêtèrent qu'à l'abri de leur artillerie.

Ainsi, ces vingt mille hommes étaient venus trébucher au pied d'une barricade, comme un homme ivre qui se butte contre une borne. Une fois remis de leur panique, les Autrichiens recommencèrent l'attaque; mais cette fois ils firent avancer les canons, qui ouvrirent de larges brèches; les défenseurs de la ville ne pouvaient riposter faute d'artillerie. Ils se mirent à l'abri dans les maisons et attendirent.

Bientôt les brèches furent praticables, les colonnes d'assaut s'avancèrent en bon ordre; les obus avaient succédé aux boulets; ils éclataient dans les rues, et forçaient les Italiens à se cacher: cette pluie de projectiles dut toutefois cesser quand les assaillants débouchèrent par les brèches des barricades.

Alors les assiégés sortirent en foule et se ruèrent sur l'ennemi avec une fougue indicible; une mêlée terrible s'engagea à laquelle prirent part les femmes et les enfants. Chacun s'était fait une arme de ce qui était tombé sous sa main : les uns avaient des haches de cuisine, les autres des fourches d'écurie, le plus grand nombre des couteaux ; on s'étreignit corps à corps ; ce fut une lutte épouvantable. Un palefrenier, armé d'un trident de fer, fit un carnage affreux ; un boucher poignarda sept Croates au milieu desquels il était engagé ; une femme du peuple, qui avait ramassé un fusil, dispersa à la baïonnette un groupe de Tyroliens.

Les deux cents volontaires firent preuve d'une bravoure héroïque ; toujours au premier rang, ils percèrent jusqu'au centre des colonies d'assaut, et firent de larges trouées.

Les Autrichiens hésitaient ; un mouvement de retraite s'était déjà dessiné quand leur réserve fut lancée, ce renfort raffermit les courages ébranlés. Toute l'armée fit un mouvement offensif, et le poids de sa masse écrasa le petit nombre d'adversaires qui lui étaient opposés.

En vain les volontaires, face à l'ennemi. les pieds cramponnés au sol, la baïonnette en avant, opposaient une digue vivante à ce torrent humain ; ils reculaient peu à peu.

Les têtes de colonnes autrichiennes voulaient fuir et tournaient le dos ; mais, barrant les rues dans leur largeur, les derniers rangs poussaient les premiers, comme un flot pousse l'autre.

Les Italiens pliaient, ayant au cœur la fureur du désespoir : les Croates étaient déjà parvenus au centre d'une place; la ville était conquise. Pour comble de malheur, une colonne avait tourné la position et elle coupait la retraite dans les rues adjacentes. Il fallait se résigner à mourir.

Les garibaldiens et l'élite des habitants prirent la sublime résolution de mourir jusqu'au dernier et de faire payer chèrement leur vie aux vainqueurs. Ils se massèrent en colonne, se recueillirent un instant; puis, poussant un cri suprême de Vive la liberté! ils allèrent donner tête baissée contre le groupe d'ennemis le plus épais.

Le choc fut irrésistible ; là où il donna, les rangs autrichiens se renversèrent comme un pan de mur qui s'écroule sous l'effort d'un bélier. Mais les volontaires survivants étaient si peu nombreux qu'ils furent entourés bientôt dans un cercle de fer au milieu duquel ils continuèrent à se battre avec l'acharnement du lion aux abois.

Tout-à-coup, une immense acclamation retentit à l'entrée de Varèse; une fusillade vive et nourrie crépita ; puis l'on entendit un mot qui fit un effet magique : Garibaldi! Garibaldi !

C'était en effet Garibaldi qui, ayant à son tour coupé la retraite aux Autrichiens, venait au secours des défenseurs de Varèse. Il se jeta, le sabre haut, à la tête des siens, au milieu des Autrichiens, que sa brusque attaque terrifia ; il les mit dans une déroute complète.

Le peuple revint à la charge et poursuivit l'enne-

mi de rue en rue à coups de pierres. Bientôt il ne
resta plus un seul soldat étranger dans Varèse.

Les Autrichiens se replièrent sur Camerlata, position très-avantageuse, d'où il est facile de couvrir
Côme; mais Garibaldi sut profiter de son premier succès. Il poussa les ennemis l'épée dans les reins, sans
leur donner le temps de retremper un peu leur moral
par la réflexion. Le général Urban ne put tenir à Camerlata; il fut débusqué après un nouveau combat.

Le chemin de Côme était libre; Garibaldi fit bientôt son entrée dans cette ville. Là, les chasseurs des
Alpes virent la jeunesse du pays accourir de toutes
parts pour grossir leur phalange.

De Côme, Garibaldi se dirigea sur Monza, où il
n'était qu'à une courte distance de Milan; désormais, il courait beaucoup moins de danger qu'auparavant, car il s'était beaucoup rapproché de notre
aile gauche.

Les *divisions volantes* et les *escadrons de course* du
général Urban étaient dans un pitoyable état. On
n'est pas *si léger* impunément, et l'on maigrit à
courir sans cesse ayant sur ses talons des gens
acharnés à la poursuite. Les sacs et les fusils de l'infanterie autrichienne avaient servi à équiper de
nouveaux volontaires; les chevaux de la cavalerie
avaient permis de remonter les guides *garibaldiens*,
et enfin les *canons d'allure* étaient tombés au pouvoir
des chasseurs des Alpes, qui en usèrent peu, les
trouvant trop lourds à traîner.

Dans cette marche rapide sur Milan, Garibaldi venait de prouver une fois de plus que les généraux d'*inspiration* sont bien supérieurs aux généraux théoriciens. Ses combinaisons, toutes en dehors des règles connues, ont pleinement réussi ; pour sa bonne part, il a contribué à tirer la stratégie de l'ornière. La guerre est un art qui a ses principes généraux sans doute, comme tout art a les siens ; mais trop de réglementation tue le génie.

Un grand capitaine, tout en s'inspirant dans une juste mesure de l'expérience du passé, sait s'affranchir du joug des traditions mises en honneur par telle ou telle école ; il sort des sentiers battus et triomphe contre toutes les règles.

Les volontaires garibaldiens se composant presque exclusivement d'exilés vénitiens, lombards ou toscans, tous ceux qui tombaient aux mains de l'ennemi devaient être condamnés à mort selon la loi martiale ; aussi ceux qui se voyaient sur le point d'être pris se défendaient jusqu'au dernier souffle plutôt que de se rendre.

Beaucoup de jeunes gens avaient cependant quitté depuis longtemps les États autrichiens ; ils n'en étaient pas moins fusillés comme ayant porté les armes contre leur patrie.

Singulière patrie !

On nous raconta à ce sujet, lors de notre passage à Novare, une anecdote authentique qui nous dé-

montra une fois de plus le courage et la présence
d'esprit des Italiennes.

Le 1er juin 1859, un peu avant six heures du matin,
de longues files de charrettes et des groupes nombreux de paysans stationnaient devant Novare en
attendant l'ouverture des portes. A cette époque l'armée franco-italienne n'avait pas encore chassé les
Autrichiens de cette place forte, et les campagnards
italiens lançaient contre les étrangers des malé-
dictions énergiques, mais proférées à voix basse.

Tout à coup un nouveau venu fit circuler de groupe
en groupe la nouvelle de la victoire de Palestro ; la
joie succéda aux menaces : les femmes sourirent en
chantonnant des refrains patriotiques, les hommes
prirent leur gourdes d'eau de-vie et burent à la santé
du roi *galant homme* et des zouaves ; les plus hardis
poussèrent quelques vivats qui firent dresser l'oreille
aux sentinelles placées sur les remparts.

Derrière une des charrettes, et tâchant de se dissimuler autant que possible, se tenait un beau jeune
homme de seize ans, à la figure douce et fière, à
l'air distingué malgré sa mise modeste ; il était extrêmement pâle, paraissait souffrant et fatigué ; mais
ses beaux yeux noirs étincelaient de bonheur en s'ar-
rêtant sur la foule enthousiasmée ; seulement il
écartait d'un geste amical ceux qui, en allant d'un
groupe à l'autre, passaient trop près de lui.

De temps en temps son front s'assombrissait et
l'impatience le gagnait ; car il semblait pressé d'en-

trer dans Novare, et la porte restait close. Alors il lançait sur les factionnaires autrichiens des regards chargés de haine, et il oubliait de tenir les passants à distance.

Un gros fermier, qui avait bu trop souvent en l'honneur de Victor-Emmanuel, chercha à traverser la route; mais ses jambes avinées ne pouvant plus le soutenir, il vint trébucher sur le jeune homme et tomba en donnant de la tête contre son bras gauche.

L'ivrogne se releva en maugréant et s'éloigna; le jeune homme poussa un cri douloureux et devint livide; pour ne pas tomber à son tour, il fut forcé de s'accrocher à l'arrière de la voiture, qui ressemblait assez à une de nos tapissières. Une main souleva la toile cirée, une jeune paysanne montra sa jolie tête inquiète, et, quand elle aperçut le jeune homme, elle lui demanda avec un vif intérêt:

— Sainte madone! qu'avez-vous donc? Vous êtes blanc comme un linge!

— Ce n'est rien, — répondit le jeune homme. — Je suis blessé au bras gauche et un imbécile m'a heurté.

— Blessé! — s'écria la jeune fille en le regardant attentivement; — je devine. Vous êtes un volontaire de Garibaldi!

— C'est vrai, — dit le jeune homme, — mais parlez plus bas; je désire pénétrer dans la ville sans éveiller l'attention des *Tudesques*.

— C'est imprudent, vous risquez votre tête,—fit observer la jolie paysanne.

— Ma famille n'a pas reçu de mes nouvelles depuis un mois,—dit le blessé,—je veux l'embrasser et la rassurer.

— Eh bien ! attendez, je vais parler à ma mère, vous monterez dans notre voiture.

Et, sans attendre la réponse, la jeune paysanne laissa retomber la toile cirée.

Elle reparut bientôt et lui dit : — Venez.

— Non, — répondit-il ; — si l'on me reconnaissait, l'on vous ferait un mauvais parti.

— Venez donc,—répéta-t-elle avec un sourire engageant,—je vous porterai bonheur, les Tudesques ne feront pas attention à vous.

Le volontaire ne put résister à une invitation aussi gracieuse. Il fit le tour de la voiture et se présenta à l'avant ; une vieille paysanne était assise sur un banc, elle semblait vivement émue.

— Povero !—dit-elle en voyant le blessé.

Et elle ajouta :

— Montez vite, pour qu'on ne vous remarque pas.

— Avez-vous bien réfléchi,—demanda encore le jeune homme,—que l'on vous mettrait en prison si l'on savait que vous m'avez aidé à passer ?

— Et toi ! mon enfant,—dit la vieille, tutoyant le volontaire avec une tendresse maternelle,—que te ferait-on ?

— L'on me fusillerait probablement.

— Malgré cela tu vas embrasser ta mère! Et tu voudrais que je ne vinsse pas à ton secours quand tu peux à peine marcher! Allons, hâte-toi.

Le jeune homme monta et prit les rênes des mains de la vieille paysanne.

Presque aussitôt les portes s'ouvrirent et le défilé des voitures commença; celle que montait le volontaire passa sur le pont-levis à son tour.

Un sergent autrichien, à la mine rébarbative, ordonna au jeune homme d'arrêter.

— D'où es-tu ?—demanda-t-il, en le tutoyant avec insolence.

— De Venelli, — répondit-il, — et voici ma sœur.

— Qu'y a-t-il dans le fond de la voiture?

— Ma mère.

— Voyons un peu.

Le sergent monta sur le siége et examina avec défiance l'intérieur de la carriole; il aperçut des légumes.

— Ah! — dit-il un peu radouci, — vous amenez des vivres.

— Oui, — répondit Marietta, qui prit la parole car elle voyait les yeux du blessé briller de colère.

— C'est bien, la petite, passez.

Et le sergent fit mine d'embrasser la paysanne.

Mais celle-ci le repoussa si bien qu'il tomba à terre; le jeune homme voulut lever son fouet; elle l'arrêta.

— Pour éviter la prison, tenez-vous en paix, — dit-elle.

Le volontaire se contint, la voiture passa. Cinq minutes après, le jeune homme embrassait avec effusion la vieille paysanne et déposait un baiser sur le front de Marietta ; puis il sautait à bas de la voiture, après avoir juré aux deux femmes une vive reconnaissance.

Marietta le regarda s'éloigner d'un air de regret ; mais elle s'aperçut qu'un homme de mauvaise mine suivait le garibaldien après l'avoir examiné d'un air défiant.

— C'est un espion, — pensa-t-elle ; — le pauvre jeune homme est perdu.

Mais Marietta était une fille de cœur ; elle dirigea sa voiture du côté de l'espion, qui venait de disparaître dans une rue étroite et déserte.

Le volontaire s'arrêta en face d'une porte qui introduisait dans un jardin, sur les derrières d'un hôtel ; il se retourna pour voir si on l'observait, l'espion se dissimula à l'angle d'un mur. N'apercevant rien, le volontaire frappa ; un domestique vint ouvrir, poussa une exclamation de surprise et introduisit le jeune homme.

Aussitôt l'espion courut coller ses yeux à la serrure de la porte.

Marietta qui avait tout vu n'hésita pas ; elle lança sa voiture et heurta violemment l'espion, qui roula à terre, étourdi du choc ; aussitôt la jeune paysanne appela à l'aide.

Le volontaire et son domestique accoururent.

— Tenez, — leur dit Marietta, — voilà un espion qui allait vous dénoncer ; garrottez-le et cachez-le dans une cave jusqu'à l'arrivée des Français.

Le conseil était trop bon pour ne pas être suivi. Les Français entraient le soir même à Novare.

Pendant sa marche triomphale sur Côme, Garibaldi fut rejoint par plusieurs détachements de volontaires qui s'étaient équipés à leurs frais et faisaient route à leurs risques et périls. Plusieurs de ces détachements coururent de grands dangers et eurent à livrer des combats sanglants aux patrouilles autrichiennes qu'ils rencontrèrent en chemin, souvent déguisées avec des costumes italiens.

Comme nous l'avons déjà raconté, pendant que les garibaldiens occupaient Varèse, le général Urban était venu leur couper la retraite en se plaçant entre eux et le Pô ; cette position lui permettait d'intercepter toutes les communications de la petite armée italienne. Une troupe de volontaires français parvint néanmoins à tromper sa surveillance.

Ces volontaires, au nombre de quatorze, étaient pour la plupart des ouvriers trop jeunes ou trop âgés pour s'engager ; ils étaient sous la conduite d'un ancien soldat de ce bataillon de la Charte qui fut recruté parmi les insurgés de 1830 et qui devint le noyau des régiments de zouaves.

A Turin on leur avait donné des armes, des munitions et une avance de solde, mais on avait refusé de les expédier vers Varèse, parce que depuis deux jours on était sans nouvelles de Garibaldi ; les Parisiens, impatients de faire un coup de feu, partirent malgré les observations qu'on leur fit.

Ils passèrent le Pô sur le bac qui avait servi aux chasseurs des Alpes quelques jours auparavant. Ils suivirent la route de Varèse jusqu'au moment où un gamin du faubourg Saint-Antoine, qui formait l'avant-garde à lui seul, se jeta dans un fossé en faisant signe à ses compagnons de l'imiter.

Quand ceux-ci se furent cachés à leur tour, le gamin vint à eux en rampant et leur annonça qu'il avait aperçu une vedette autrichienne sur un mamelon, à gauche du chemin.

L'ex-zouave qui commandait gagna la hauteur en prenant toutes les précautions dont les soldats d'Afrique savent user en pareil cas ; il gagna, sans être découvert, le sommet du mamelon, et de là il aperçut le camp du général Urban ; après l'avoir examiné, il revint sur ses pas. Arrivé près de ses compagnons, il tint un conseil de guerre dans le fossé.

— Les Autrichiens sont là,—dit-il ;—le général Garibaldi ignore peut-être que l'ennemi est en train de le cerner, il faut à tout prix le prévenir.

— Je propose d'emprunter un costume de paysan dans quelque ferme voisine et d'aller à Varèse par des sentiers détournés,—dit un Parisien.

— Mauvais moyen, — répondit l'ex-zouave ; — on t'arrêtera, on te questionnera ; tu ne parles pas l'italien, tu seras reconnu et pendu inutilement.

— Sacristi !—fit le gamin qui avait donné l'éveil,
—si on avait seulement le cheval et l'uniforme de la
vedette qu'on voit là bas.

— Eh bien ! — demanda le zouave.

— Parbleu, on traverserait le camp autrichien dé-
guisé en estafette. J'ai vu jouer ce tour-là dans une
pièce militaire au Cirque.

— C'est une idée ! — s'écria l'ex-zouave ; — nous
allons tous gagner Varèse ; armons les carabines,
baïonnette au canon, et attention ; il y a une vingtaine de uhlans derrière la vedette, je vais leur donner l'éveil, puis je les attirerai par ici. Quand ils
passeront devant le fossé, faites feu avec vos pisto-
lets d'abord, puis avec les carabines, et chargez ensuite à l'arme blanche ; pour réussir il faut que pas
un cavalier n'échappe. Du sang-froid surtout.

Et après ces recommandations, le zouave partit,
s'approcha de la vedette, fit mine de s'enfuir et parvint à attirer tout le poste de cavalerie dans l'embuscade.

Le plan réussit à merveille ; les uhlans qui ne pé-
rirent pas furent faits prisonniers, et comme ils auraient été gênants à emmener, on les attacha à des
mûriers dans un champ voisin. L'ex-zouave revêtit
l'uniforme d'un sous-lieutenant, ses compagnons se
déguisèrent à la hâte en simples uhlans, puis l'on
monta à cheval. Le détachement alla au petit trot
jusqu'au moment où il fut en face du bivouac ennemi, il le traversa en activant un peu l'allure des

chevaux, et il continuait sa route sans avoir été inquiété, quand il donna dans une grand'garde d'infanterie, dont l'officier conçut quelques soupçons.

— Où allez-vous ?—demanda-t-il aux faux uhlans.

Les Parisiens ne répondirent point ; mais leur chef cria à ces cavaliers novices :

— Cramponnez-vous aux crinières, et ventre à terre !

Il fut obéi, et le détachement détala avec une rapidité qui le mit bientôt à l'abri des coups de feu de la grand'garde. Quelques heures plus tard il arrivait heureusement dans Varèse ; le gamin du faubourg Saint-Antoine avait seul reçu une blessure légère, ce qui ne l'empêcha pas de prendre part au combat qui suivit.

Une autre troupe de volontaires fut moins heureuse ; elle périt presque tout entière. Elle s'était recrutée dans les villages savoyards situés au pied des Hautes-Alpes ; tous ceux qui en faisaient partie étaient des chasseurs de chamois ; ils avaient pour chef un vétéran du premier empire auquel le souvenir de ses campagnes donnait un ardent désir de recommencer l'épopée de sa jeunesse.

C'était le doyen des chasseurs de chamois de la contrée, et, malgré son âge, il avait conservé assez d'énergie et de souplesse pour franchir d'un pied sûr les crevasses des glaciers ; son œil était encore assez perçant pour distinguer un chamois à mille pas, et sa main assez ferme pour l'abattre à deux cents.

Aussi impatients de rejoindre Garibaldi que les Parisiens dont nous avons parlé, les Savoyards, au nombre de vingt-neuf, quittèrent Turin un jour après eux.

De l'autre côté du Pô, ils se heurtèrent contre une forte patrouille de uhlans qui battaient la plaine. Le combat était inévitable ; les uhlans comptaient cinquante sabres environ ; forts de leur supériorité, ils chargèrent les garibaldiens qui s'étaient formés en carré.

A vingt pas, les Autrichiens reçurent une décharge terrible qui leur jeta bas vingt-trois hommes ; les chasseurs de chamois, tireurs habiles, avaient visé avec une admirable précision.

Les cavaliers tournèrent bride et se reformèrent hors de la portée des carabines. Leurs officiers ranimèrent leur courage et les ramenèrent à la charge en suivant un pli de terrain qui permettait à l'escadron de ne se découvrir qu'à trois cents pas.

Les garibaldiens n'apercevant plus leurs adversaires les supposèrent définitivement en fuite ; ils rompirent le carré, après avoir toutefois rechargé leurs armes ; tout à coup les uhlans débouchèrent d'un chemin creux en poussant des hourrahs furieux. Les Savoyards les virent arriver sur eux avec la rapidité d'une avalanche ; la moitié d'entre eux se bispersa ; le reste eut le temps de se masser ; mais leur carré était si faible qu'il ne put soutenir le choc de l'escadron et se rompit. Les uh-

lans sabrèrent avec acharnement; les Savoyards se
défendirent avec leur baïonnette : une vive fusillade
retentit en ce moment. Ceux des volontaires qui
n'avaient pu se rallier avant la charge venaient au
secours de leurs camarades en criblant de balles les
Autrichiens, lesquels, montés sur leurs chevaux,
dominaient assez les fantassins pour être visés sûrement. Une fois encore l'escadron décimé dut se
retirer, laissant sur le terrain les deux tiers de son
effectif. Mais comme il rentrait dans le chemin
creux, un renfort considérable en sortit: c'était
une seconde patrouille qui accourait à l'aide de la
première.

Les Savoyards, qui avaient perdu six des leurs,
furent sommés de se rendre par un capitaine; avec
la ténacité caractéristique des gens de leur montagne, ils refusèrent. C'était un entêtement héroïque:
ils avaient cent vingt cavaliers devant eux.

— En avant ! — cria à ses gens le capitaine qui
avait offert quartier aux volontaires.

L'escadron, plus nombreux et plus puissant que
jamais, s'ébranla ; les Savoyards, décidés à mourir
intrépidement, réservèrent leur feu et laissèrent
arriver l'ennemi à bout portant. Chaque balle tou-
cha, plusieurs firent coup double; mais la cavalerie
était si vigoureusement lancée qu'elle renversa le
carré sur son passage, et les volontaires furent fou-
lés sous les pieds des chevaux.

Quand l'escadron eut passé, sept hommes seulement se relevèrent, et parmi eux, le vétéran qui commandait; ils s'adossèrent les uns contre les autres et ils attendirent.

Le capitaine, qui déjà les avait interpellés, revint encore leur proposer de déposer les armes.

Les Savoyards répondirent en criant :

— Vive la France! vive l'Italie!

L'un deux, grièvement blessé, tomba : ils le relevèrent, le placèrent au centre du groupe, et le soutinrent du poids de leurs corps.

Les uhlans étaient des Hongrois ; ils admiraient l'acharnement sublime de leurs adversaires, qui, sanglants, défigurés, balafrés de coups de sabre, l'œil étincelant, restaient debout et calmes, prêts à recevoir le coup de grâce sans reculer d'un seul pas.

Le capitaine autrichien était ému, il consulta ses gens du regard et comprit leur pensée.

— Allez,—dit-il en français aux Savoyards,—vous êtes des braves ! Jurez de ne plus vous battre d'ici à la fin de la guerre, et retournez dans vos foyers !

Les uhlans se retirèrent en emportant soixante des leurs, morts ou blessés. Les Savoyards retournèrent dans leurs montagnes, et, quand leurs blessures furent guéries ils se remirent à chasser le chamois.

Le vieux chef dut subir une opération douloureuse au bras gauche ; il ne peut plus se servir de sa carabine, mais il guide encore les voyageurs dans leurs excursions à travers les Alpes.

Nous avons raconté les opérations de la campagne qui précédèrent la journée de Magenta et la préparèrent ; nous faisons de cette bataille l'objet d'un autre livre ; nous ne voulons pas terminer celui-ci sans parler des ambulances.

CHAPITRE X

LES AMBULANCES

Douleur tu n'es pas un mal. — Héroïsme et stoïcisme. — Matériel d'ambulance. — Les amputés. — Les soldats du train et les infirmiers. — Les docteurs. — Les sœurs grises. — Le père bistouri. — Un remède infaillible contre la fièvre. — Les femmes italiennes et nos blessés. — Heureux ménages.

Les blessés. — On se préoccupait fort peu des blessés avant la révolution de 1789, époque à laquelle la France eut pour la première fois une armée vraiment nationale. Auparavant, les généraux ne commandaient qu'à des mercenaires, fort braves il est vrai, mais dont on avait acheté le sang et avec lesquels on ne se gênait pas. Lorsque la république en péril eut fait appel aux volontaires et eut décrété la conscription, lorsque quatorze cent mille hommes coururent aux frontières sans uniformes, sans souliers et souvent sans pain, le soldat cessa d'être la *chose* des chefs ; il fallut compter avec lui et avec le pays, qui s'inquiétait du sort de ses enfants : un blessé devint sacré comme un drapeau ; laisser les ambulances au pouvoir de l'ennemi fut une honte.

Les moyens de transport étaient alors très-lourds; il y avait des difficultés insurmontables à enlever, pendant la lutte même, les hommes mis hors de combat.

Heureusement, dès les premières campagnes de la révolution, l'illustre chirurgien Larrey inventa les ambulances volantes, qui rendirent d'immenses services; ces ambulances se composaient de voitures extrêmement légères, qui permettaient de recueillir les blessés au plus fort du combat. Le système a été perfectionné dans les campagnes d'Afrique; on a remplacé les voitures par des litières et des cacolets portés à dos de mulets.

Dans les cacolets, le blessé est assis comme dans un fauteuil; sur la litière, il est couché. Il n'y a pas un ravin qui, étant accessible à des tirailleurs, ne le soit aussi à un cacolet d'ambulance. La certitude d'être relevés, s'ils tombent, donne aux soldats une certaine sécurité qui affermit leur courage. Quand un bataillon engage une affaire, des mulets, conduits par des soldats du train, suivent les combattants à aussi courte distance que possible. Il y a une sonnerie particulière pour demander les cacolets; dès qu'un homme est gravement atteint, le clairon retentit, les soldats du train accourent avec leurs montures et transportent le blessé à l'ambulance provisoire établie souvent en plein air derrière les réserves.

Les chirurgiens en chef désignent de suite les lignes d'évacuation ; les hommes qui n'ont que des blessures légères sont pansés et dirigés sur l'heure vers les villes où sont organisés les hôpitaux ; on met en réquisition pour ces transports toutes les voitures que l'on parvient à se procurer. Ces évacuations rapides ont pour but d'éviter l'encombrement et les désastres qui suivraient une défaite ; en cas de retraite précipitée, on charge sur les cacolets et les litières tous les blessés non encore évacués et tous les hommes qui tombent pendant la poursuite de l'ennemi. De la sorte, personne n'est abandonné ; au besoin, on place ces invalides sur les prolonges, les caissons d'artillerie, et sur des chevaux dont les cavaliers mettent pied à terre. Éloigner les blessés le plus rapidement possible du théâtre de la guerre, telle est la règle.

Aussi voit-on, le long des lignes d'évacuation, des hôpitaux organisés d'étape en étape, pour recevoir des convois. Nos ambulances sont dignes de servir de modèle à toutes les armées de l'Europe. Nous avons vu maintes fois des officiers étrangers, suivant nos expéditions d'Afrique, rester stupéfaits de la merveilleuse rapidité avec laquelle nos blessés étaient ramenés du fond des ravins les plus escarpés et mis en sûreté. On sait qu'en Afrique les indigènes ne font jamais quartier : tout Français qui tombe entre leurs mains est mis à la torture. Dans les guerres d'Afrique, les expéditions traversant les pays insoumis sont donc forcées de garder leurs malades et leurs blessés, qui chaque jour font leur étape sur le dos des mulets et ne sont pansés qu'au départ du bivac et à l'arrivée.

Telles colonnes ont emmené ainsi cinq ou six cents hommes hors de combat à travers plusieurs centaines de lieues. On a même constaté que, dans ce cas, les plus graves blessures étaient rapidement guéries, excepté bien entendu celles qui nécessitent l'immobilité absolue. Ce fait avait été déjà signalé en Égypte après le siége de Saint-Jean-d'Acre, par le baron Larrey, lequel a aussi reconnu le premier que les amputations faites sur le champ de bataille réussissent bien mieux que celles qui sont pratiquées plus tard. Nous avons pu recueillir dans notre carrière militaire un grand nombre d'observations sur les douleurs endurées par les gens que l'on ampute. Nous sommes convaincus que plus on a d'énergie et moins on souffre. Ceux que la vue d'un bistouri impressionne ressentent plus vivement la douleur que les autres.

Les vieux zouaves répètent très-sérieusement aux conscrits l'aphorisme suivant : « La douleur n'existe que pour les gens qui manquent de cœur, » et ils donnent le moyen que voici pour la dompter : Tendre ses nerfs, roidir ses muscles, tenir son âme et serrer les dents. Ceux qui ont usé de la méthode prétendent qu'elle est infaillible. Tout le monde sait, du reste, quels sont les tristes effets de la peur dans toutes les maladies : un malade qui se frappe est à peu près perdu.

Plus de cinquante amputés interrogés par nous devant nos camarades ont répondu invariablement; Cela ne fait pas aussi mal qu'on le croit. Nous avons vu plusieurs zouaves de notre régiment donner des preuves étonnantes d'énergie, entre autres un vieux soldat nommé Bonaluques, retiré à cette heure dans un petit village du Béarn et y vivant modestement sans se douter qu'il a fait un acte d'héroïsme. Ce zouave, blessé au bras en 1857, au terrible combat d'Icheriden, se rendit aussitôt à l'ambulance de Sauquel-Arbâa, et montra sa blessure aux chirurgiens. Ceux-ci jugèrent l'amputation nécessaire et proposèrent à Bonaluques de l'endormir; il s'y refusa.

On lui demanda pourquoi.

— Parce que, — répondit-il, — j'aurais honte d'avoir l'air de *craindre le mal* (nous citons textuellement).

Il regarda avec le plus grand sang-froid les préparatifs que l'on faisait autour de lui, et, quand tout fut prêt, il tendit son bras au docteur en lui disant avec un sourire:

— Allez-y gaiement.

On l'engagea à détourner la tête, mais il n'y consentit pas.

— Je tiens à voir, — dit-il laconiquement.

L'opérateur commença, les aides maintenaient vigoureusement le bras du patient dans la crainte qu'il ne fît un mouvement. Mais Bonaluques dit tranquillement:

— N'ayez pas peur ; je ne bougerai pas.

Il tint sa promesse, ne poussa pas un cri, ne remua pas, ne pâlit même pas, ce que remarquèrent les assistants avec admiration.

— C'est fait, — dit le docteur quand il eut terminé.

— Déjà! — répondit le zouave.

Et il ajouta:

— Eh bien ! major, vous connaissez *votre affaire*, ce n'est pas long. Donnez-moi une poignée de main et je pars.

— Où voulez-vous aller?

— A Tizi-Ouzou.

— C'est à huit lieues d'ici ; les cahots du cacolet vous fatigueront par trop.

— J'irai à pied.

— Êtes-vous fou?

— Par exemple. Allons, docteur, au revoir !

Bonaluques sortit de la tente, pria un infirmier de lui rouler une cigarette, l'alluma et se mit en route. Cinq heures après il arrivait à Tizi-Ouzou, après avoir fait huit lieues à pied.

Il se guérit rapidement et parfaitement, et quelques semaines plus tard s'embarquait pour Marseille avec sa pension de retraite.

Le fait est authentique jusque dans ses plus petits détails ; le zouave Bonaluques faisait partie de la 2ᵉ escouade de la 5ᵉ compagnie du 1ᵉʳ bataillon du 2ᵉ zouaves.

En Crimée, un autre zouave à trois chevrons, qu'on appelait le Grand-Jannin, eut le bras fracassé par un éclat d'obus ; à côté de lui et en même temps, un jeune homme reçut une contusion au flanc, ils se dirigèrent tous deux vers les ambulances assez éloignées des tranchées. Chemin faisant le Grand-Jannin maugréait.

— Tu souffres, *vieux?* — demanda son compagnon.

— Un peu, — répondit le vétéran, — mais ce n'est pas cela qui m'ennuie le plus, c'est la nécessité où je suis de tenir mon bras droit avec ma main gauche, cela me gêne pour marcher.

Un peu plus loin, Grand-Jannin dit à son camarade :

— Décidément mon bras m'ennuie ; je sens que les os en sont cassés et qu'il ne tient plus que par les clairs ; prends mon couteau dans ma ceinture.

Le camarade obéit et donna à Grand-Jannin un de ces couteaux arabes comme les zouaves en portent presque tous et qui coupent comme des rasoirs.

— Tiens mon bras et relève la manche de ma veste, — dit le vieux soldat à l'autre blessé.

Quand ce dernier eut fini, Grand-Jannin s'opéra lui-même, arrêta l'hémorrhagie de son mieux ; puis il laissa tomber son bras à terre et se remit en marche.

Son compagnon l'avait regardé faire avec une stupéfcation profonde.

— Et ton bras, — lui demanda-t-il, — tu le laisses là?

— Parbleu! — répondit le Grand-Jannin, — qu'est ce que j'en ferais; crois-tu que les docteurs me le recoudraient!

Arrivé à l'ambulance, le vieux zouave dut subir une plus régulière amputation qu'il supporta à merveille, et dont il guérit très-bien.

Cette anecdote est aussi authentique que la première et connue de tout le régiment.

Citons encore un sergent-clairon du 2e zouaves qui, ayant eu le bras gauche emporté à l'Alma, continua à sonner la charge jusqu'au moment où la position fut enlevée; puis cet autre clairon qui, après avoir été opéré de l'avant-bras, abandonna l'ambulance parce qu'on voulait le mettre à la diète, et vint manger un plat de riz avec ses camarades. Il ne consentit à retourner à la tente d'infirmerie qu'après avoir reçu l'assurance formelle de boire et manger à sa fantaisie.

Il y a dans l'armée française un corps modeste qui rend d'inappréciables services en déployant le plus mâle courage; nous voulons parler des soldats du train. Les personnes qui jugent superficiellement les choses se figurent que le rôle du train consiste simplement à transporter sans danger les fourgons de l'armée ; c'est une erreur.

Nous avons déjà dit que les mulets d'ambulance étaient conduits par des soldats du train, lesquels, au milieu des balles, des boulets, des éclats d'obus, de la mitraille et des engagements des furieux, sont obligés de parcourir sans cesse la ligne de bataille, précisément aux endroits les plus meurtriers, pour enlever les blessés. Ils n'ont ni les colères, ni les enivrements de la lutte, ni les entrainements du succès, ni les rages de la défaite. Ils vont au-devant de la mort froidement, l'envisageant sous son côté le plus hideux.

Ils accomplissent avec un sang-froid admirable et un dévouement stoïque ces fonctions pénibles ; ils se multiplient pour suffire à la tâche, et ils ne sont jamais restés au-dessous de leur mission. Tout vrai soldat qui les a vus à l'œuvre sur un champ de bataille leur a voué une reconnaissance et une estime profonde ; nous les avons admirés souvent en Afrique, défendant leurs blessés sabre à la main contre les Kabyles ; et à Icheriden notamment, ils ont mérité les félicitations de toute l'armée.

Mais ce n'est pas seulement dans les batailles que les soldats du train sont admirables, c'est partout et toujours, une fois que l'on est en campagne. Sans cesse en route, qu'il pleuve, qu'il gèle ou qu'il fasse une chaleur écrasante, ils approvisionnent l'armée au prix des plus rudes fatigues ; c'était pitié de les voir en Crimée conduire leurs convois par des temps affreux, sur des chemins défoncés dans lesquels les roues s'enfonçaient jusqu'au moyeu.

Les soldats du train ont un esprit de corps excellent, qu'ils doivent aux traditions laissées dans leur rang par les anabaptistes, dont la principale vertu est, on le sait, l'abnégation. Les anabaptistes, très-nombreux dans les Vosges, s'émurent beaucoup quand la conscription fut décrétée par la république ; leur religion leur défendait de répandre le sang humain ; ils tenaient à ne pas transgresser leur loi, et cependant ils voulaient payer leur dette à la patrie. Ils proposèrent à la Convention, qui accepta, de servir dans le train ; leur conduite fut digne des plus grands éloges ; sous l'Empire, ils continuèrent le même service, et, aujourd'hui encore, ils conservent ce privilége, si nous sommes bien renseigné.

Quand on a établi une ambulance, on arbore aussitôt un drapeau noir ; parmi les nations civilisées, ce signal est très-respecté ; le feu des batteries doit épargner le point que désigne ce pavillon.

Dans les dernières campagnes, on s'est montré fort humain de part et d'autre pour les blessés ; à part les Croates, nous n'avons pas eu à nous plaindre des Autrichiens ; excepté dans les commencements de la guerre de Crimée, nous n'avons pas eu grand chose à reprocher aux Russes sous ce rapport. Mais il faut dire aussi qu'autant les Français ont de pitié pour leurs prisonniers quand l'ennemi agit loyalement, autant ils sont terribles quand leurs adversaires ne font pas quartier.

Dans les premiers jours du siége de Sébastopol, les Russes ayant achevé des blessés français, il y eut une indignation générale dans notre armée. On fit savoir que si de pareils faits se renouvelaient, on se livrerait à des représailles rigoureuses ; la menace fit bon effet.

En Italie, il fut impossible d'obtenir des Croates qu'ils fissent quartier. Quand il fut bien constaté, après Solférino, qu'ils s'étaient conduits avec la même férocité qu'à Magenta, on se promit de leur donner une leçon dont on attendait les meilleurs résultats. Les zouaves et les chasseurs à pied étaient particulièrement exaspérés ; la guerre cessa, heureusement pour les Croates. Il est à souhaiter que les puissances qui emploient des troupes à demi barbares leur imposent le respect dû aux blessés. Nous l'avons facilement obtenu de nos turcos, habitués pourtant à la guerre d'Afrique, où il est si difficile de faire des prisonniers.

Les chirurgiens militaires sont très-exposés pendant les combats ; il est rare que, dans une campagne, leur cadre ne soit pas décimé. Un blessé du 54e de ligne était pansé par un aide-major pendant l'affaire d'Icheriden ; une balle frappa le docteur à la poitrine. Un autre chirurgien recommença l'opération, il reçut un éclat de pierre au front et tomba sans connaissance ; un troisième chirurgien, celui du 2ᵉ zouaves, si nous ne nous trompons, parvint à terminer le pansement, mais il recevait une balle morte au creux de l'estomac pendant qu'il attachait la dernière épingle ; en Italie, le baron Larrey avait un cheval tué sous lui à Cavriana ; en Crimée, on fut obligé de renouveler plusieurs fois le personnel des ambulances.

L'habileté et le sang-froid des chirurgiens militaires français sont passés en proverbe. C'est déjà une affaire grave de couper une jambe à un malade couché sur un bon lit, entouré de soins, toutes choses bien disposées auprès de lui ; mais opérer sur le champ de bataille, quand tout fait défaut, c'est chose bien plus difficile. Et il ne s'agit pas d'une seule amputation, mais de vingt, trente, cinquante et plus.

Après un assaut meurtrier en Crimée, un docteur coupa vingt-six bras et trente-deux jambes !

Le dernier patient qu'il opéra n'avait qu'une main endommagée ; les infirmiers manquaient ; ce blessé avait offert ses services et assisté à toutes les amputations, y aidant de son mieux.

A la fin, le docteur examina sa main et reconnut la nécessité de désarticuler le poignet.

— Ne vous gênez pas, — dit le blessé ; — maintenant, il me semble que je suis habitué *à la chose.*

Quand ce fut fini, il reprit :

— Eh bien, docteur, je crois que nous n'avons pas volé notre dîner.

Et ils se mirent à table tous les deux.

Ce blessé appartenait au 20ᵉ léger, un des plus célèbres régiments de cette campagne.

Les chirurgiens ne courent pas de dangers que par le feu de l'ennemi ; ils sont toujours les premières victimes des épidémies redoutables qui sévissent dans les hôpitaux. Ils paient aux fièvres, aux typhus, aux choléras un large contingent, et cette lutte contre la maladie est plus redoutable que celle du champ de bataille. Les zouaves ont le dicton suivant : *Mieux vaut monter à l'assaut d'une batterie que s'étendre sur un lit d'hôpital.*

Aussi l'uniforme des officiers de santé est-il celui que nos soldats respectent le plus.

Nous sommes de ceux qui louent le dévouement partout où il se trouve : donc nous partageons sans réserve l'admiration que l'on a vouée aux petites sœurs grises. Mais il en est de deux sortes : celles qui ont l'indulgence la plus large ; l'impartialité la plus noble et qui ne s'inquiètent ni de la croyance ni de la nationalité du soldat. Celles-ci entourent le malade de soins délicats et de prévenances féminimes qui ont un charme inexprimable ; elles remplacent à notre chevet la mère ou la sœur absente ; elles ne songent pas à faire payer leurs attentions désintéressées par des patenôtres ; elles se risquent tout au plus à hasarder presque timidement une question discrète sur les intentions du malade, et s'arrêtent au point où l'obsession commencerait.

Musulmans, juifs, protestants, schismatiques, russes, indifférents même, sont égaux devant leur charité : elles ne mesurent leur zèle qu'à la grandeur des souffrances.

Malheureusement il existe, parmi les petites sœurs grises, quelques femmes, au cœur excellent peut-être, mais dont les précieuses qualités sont gâtées par un fanatisme outré. Celles-là se croient obligées d'exercer une pression sur l'esprit des soldats qu'elles soignent pour les convertir à la foi catholique s'ils en professent une autre, pour les amener à se confesser s'ils ne *pratiquent point* (style de sacristie). Elles viennent souvent se heurter contre certaines convictions fermes ; elles font le siége de ces consciences récalcitrantes et les bombardent d'abord à coups de pots de confitures, d'ailes de poulet, de chocolats glacés et autres projectiles de ce genre qui n'ont rien de désagréable pour les assiégés.

Si, au contraire, on ne capitule pas, après un certain temps, elles cherchent à prendre la place par la famine ; malgré les ordres des docteurs, elles réduisent autant qu'elles le peuvent la ration accordée ; elles ne donnent que les morceaux les plus maigres ; elles vous sèvrent de toutes les douceurs qu'auparavant elles vous prodiguaient, Au jeûne qu'elles imposent, elles joignent les prières dont elles vous accablent : vingt fois par jour on entend des sermons semés de reproches, et l'on est fatigué par des attaques incessantes à propos de la foi qu'on

professe ou de celle qu'on ne professe pas. Les
soldats se roidissent contre ces procédés ; les rapports
entre le malade et sa gardienne s'aigrissent peu à
peu, au grand détriment de la santé ; il n'y a rien
qui remue plus la bile que les disputes théologiques.

Avant de terminer sur ce sujet, disons bien haut
que nous n'avons en aucune façon la pensée de rabaisser le mérite de la corporation des petites sœurs
grises ; pour celles qui comprennent bien leur mission, — et c'est le plus grand nombre, — nous pro-
fessons une vénération profonde.

Il est une classe d'hommes dans l'armée pour lesquels nous avons aussi une grande estime, ce sont
les infirmiers.

Certes, s'il est une carrière bornée, c'est la leur ;
ce qu'ils peuvent espérer de mieux, ce sont les galons de sous-officier ; leur tâche est pénible et humble
meurtrière ; utiles et humbles auxiliaires des chirurgiens. ils partagent toutes leurs fatigues, ils affrontent
avec le même courage les épidémies et les balles ;
dans les cas de grande mortalité, les détails de leurs
fonctions exigent peut-être encore plus de stoïcisme
de leur part que de celle des médecins. Toutes les
fois que l'on a demandé des volontaires à notre armée pour enlever des batteries, on en a trouvé cent
pour un ; plus rares étaient ceux qui consentaient à
combler les vides faits par la fièvre dans le personnel
des ambulances.

Nous avons cherché le mobile qui faisait marcher

les infirmiers de pair avec les chirurgiens et les
sœurs de charité : ce mobile n'était ni la solde, qui
est peu considérable ; ni l'ambition, car la carrière
est bornée ; ni une vocation exaltée par une croyance
religieuse et l'espérance d'une magnifique récom-
pense par-delà le tombeau, car l'infirmier est envoyé à sa compagnie de par l'arrêt du sort : nous
n'avons trouvé, pour expliquer leur conduite, que le
sentiment du devoir.

C'est pousser le désintéressement à sa plus extrême
limite.

Ce désintéressement est parfois récompensé. Une
colonne avait traversé et soumis les montagnes du
Djurjura ; la paix était faite, nos chirurgiens et nos
infirmiers soignèrent les blessés ennemis ; quand
la colonne dut rentrer à Alger, un infirmier demanda
à demeurer parmi les Kabyles pour parfaire la cure
d'une centaine d'amputés en bonne voie de guéri-
son. Sa demande, appuyée par les marabouts, fut
accordée. Cet infirmier était un jeune homme intelligent, qui avait su acquérir de nombreuses connaissances dans l'art de la chirurgie : il sauva
presque tous ses malades. Les Kabyles le prirent en
grande affection ; un viel amin (chef), qui avait reçu
ses soins, l'engagea, au nom de la tribu, à rester
dans les douars pour exercer la profession de médecin.

— Je suis soldat, — répondit l'infirmier, — je dois
encore trois années de service à mon pays.

Les Kabyles sont tous bons citoyens ; le vieil amin comprit ce que cette objection avait de sérieux.

— Attends encore huit jours avant de nous quiter, — dit-il au Français : — d'ici là je serai revenu d'un voyage que je vais entreprendre. Je serai heureux de te serrer la main encore une fois avant de nous séparer pour longtemps.

— Soit, — répondit l'infirmier.

La fille de l'amin, une fort jolie veuve de dix-sept ans, avait été l'utile auxiliaire du Français pendant qu'il soignait les blessés de la tribu ; elle le pria de consacrer les derniers jours qu'il passait dans la montagne à lui donner le plus d'instruction possible sur la manière de traiter les malades. Le jeune homme se prêta volontiers à ce qu'on lui demandait ; il avait déjà remarqué que son élève avait des traits charmants, beaucoup de grâce et un caractère aimable. Il put vérifier la justesse de ses premières observations pendant les dernières leçons qu'il lui donna.

Les huit jours s'écoulèrent sans ennui ; quand l'amin revint, le jeune homme éprouva une appréhension vague.

. — C'est étonnant, — pensait-il, — combien j'ai de regret à partir d'ici.

Son regard tomba sur la jolie veuve ; elle semblait triste, il tressaillit.

— Eh bien, — dit l'amin, — es-tu prêt à nous quitter ?

— Oui, — répondit le Français en jetant sur son havre-sac un coup d'œif de mauvaise humeur.

— Qu'as-tu donc? — reprit l'amin; — tu parais fâché de retourner à Alger?

— A vrai dire, — dit le jeune homme, — je me trouvais bien dans ce douar. Mais nous autres soldats, nous sommes des oiseaux de passage; nous ne devrions jamais nous attacher aux lieux où nous faisons séjour.

Puis il ajouta, en mettant sac au dos avec un soupir, et comme pour s'encourager;

— Allons, allons, en route; ne nous attendrissons pas.

La jeune veuve pleurait silencieusement, une larme avait glissé furtivement sur la joue du Français. L'amin les regardait tous deux en souriant:

— Eh! mes enfants, — dit-il, — rien ne presse.

— Cependant, — fit le jeune homme.

— Mets toujours ton sac à terre et causons; si tu n'étais pas soldat, que ferais-tu?

— Je... je crois que je resterais, — répondit le Français; — j'aime beaucoup les montagnes, moi!

— Et ma fille, — ajouta l'amin en riant; — embrassez-vous donc, je vous marie demain.

— Mais...

— Il n'y a pas de mais; le gouverneur, que je suis allé voir, prolonge ton congé jusqu'au moment où un de mes amis d'Alger t'aura trouvé un rempla-

çant. J'ai déposé chez un cadi la somme nécessaire
pour cela. Bah ! tu pleures, maintenant?

Le jeune homme, en effet, ne pouvait plus retenir
les larmes de joie qui l'étouffaient.

Les deux jeunes gens sautèrent au cou du vieux
chef; le lendemain les noces se célébraient en grande
pompe.

Le jeune homme fut très-heureux ; son beau-père
n'avait pas d'enfant mâle, il était fort riche. A sa
mort, qui eut lieu quelques années après le mariage,
le jeune homme recueillit un héritage considérable,
qu'il réalisa en espèces. Depuis, il est passé en
France avec sa femme, et il s'est retiré à Marseille,
d'où il fait en grand le commerce des laines algé-
riennes.

L'organisation des ambulances militaires fran-
çaises est admirable; nous avons dit comment un
blessé était enlevé, au milieu même de la lutte, à
l'aide de cacolets ; nous avons enfin cité, non sans
orgueil, notre service médicinal militaire comme le
meilleur de toute l'Europe.

On jugera par comparaison entre notre service de
santé et celui de l'armée allemande d'après un document officiel emprunté au *Journal hebdomadaire
de médecine,* qui se publie à Vienne; on pourra, d'a-
près ce document, se faire une *idée des souffrances*
et de la mortalité qui doivent nécessairement résul-
ter pour les blessés d'une mauvaise organisation des
hôpitaux et du matériel d'ambulance dans une armée.

Rappelons que dans le document cité plus bas il s'agit d'une armée victorieuse, préparée à la campagne qui débute à peine, supérieure en nombre à l'ennemi qui ne peut l'inquiéter d'aucune façon.

Voici la traduction exacte du rapport navrant inséré dans le journal viennois ; il a le double intérêt de l'authenticité la plus grande et de l'actualité la plus saisissante :

« Le service sanitaire se trouve dans un état réellement déplorable. En dehors des médecins des régiments, nous ne comptons pour les hôpitaux, aussi nombreux que vastes et qui contiennent 2,000 malades et blessés, sinon davantage, que six médecins autrichiens. Dans quelques endroits nous manquons même de lits. Si les soins des habitants ne nous venaient pas en aide, les pauvres soldats mourraient de faim. Dans la nuit qui suivit la bataille sanglante d'Oversee, je me trouvais à Sleswig. A une heure de la nuit les premiers blessés arrivèrent par six ou huit sur des charrettes ouvertes, couchés sur un peu de paille. Ils avaient été pendant plusieurs heures en route. Aucun d'eux n'avait été pansé, quoique les blessures graves fussent très-nombreuses. Dans toute la ville de Sleswig, où les blessés arrivèrent par centaines, il ne se trouvait pas un seul médecin militaire de l'armée autrichienne. On eut donc recours aux médecins civils, mais même les objets les plus nécessaires faisaient défaut. Heureusement on possédait quelque matériel abandonné par les Danois. »

Une pareille révélation sur l'état sanitaire de blessés français produirait en France un long cri d'indignation ; l'opinion blâmerait énergiquement l'administration et l'état-major de l'armée.

Cependant nous sommes convaincus que ni le zèle ni l'intelligence n'ont fait défaut aux officiers de santé autrichiens ; ils n'ont pas pu suffire à leur tâche avec les moyens fort restreints dont ils disposent.

Un chirurgien allemand, fût-il homme de génie, eût-il des litières et des cacolets, ne saurait improviser ni des soldats du train ni des infirmiers comparables aux nôtres.

Et non seulement le matériel et les soldats spéciaux manquent aux ambulances allemandes, mais elles n'ont pas ces vieilles et précieuses traditions qui forment l'esprit de corps. Notre révolution française a été personnifiée dans ses diverses aspirations par des hommes qui exécutèrent, chacun dans sa spécialité, la volonté nationale. Le baron Larrey comme chirurgien, le docteur Desgenettes comme médecin, furent les exécuteurs de cette volonté en tant qu'elle exigeait pour les défenseurs de la patrie des secours efficaces et prompts en cas de blessures. Ces deux grands citoyens s'étaient imposé la mission de satisfaire aux légitimes exigences du pays et ils réussirent. Ils furent d'abord des hommes de génie par leurs inventions, ils furent surtout des apôtres par le zèle qu'ils mirent à pénétrer leurs subordonnés du souffle puissant qui les animait eux-mêmes.

Ils fondèrent la *tradition* respectée dont s'inspirent à cette heure nos chirurgiens et leurs auxiliaires dans les circonstances critiques. Un jour, par exemple, une ambulance était menacée par les Beni-Mansours en Afrique ; le plus ancien des docteurs saisit un fusil et dit :

— En pareille circonstance, messieurs, Larrey a mis l'épée à la main pour défendre ses blessés.

Et aussitôt docteurs, aides et infirmiers prirent des armes et appuyèrent vigoureusement la compagnie de voltigeurs qui protégeait l'ambulance.

En Crimée, par les froids les plus rigoureux, nos médecins faisaient régulièrement leur service, extrêmement pénible, et quand un jeune homme faiblissait un peu, un vieux docteur lui rappelait la conduite héroïque de Larrey à la Moskova.

Dans les épidémies, on rappelle aussi à ceux qui paraissent se décourager la fermeté de Desgenettes pendant la peste d'Égypte. Et cette influence de la tradition est si grande qu'elle s'étend jusqu'aux armées espagnoles, italiennes et bavaroises, longtemps mêlées à nos légions, et bien mieux administrées, médicalement parlant, que toutes les autres.

Les femmes italiennes, qui montrèrent tant de patriotisme pendant toute la campagne, furent admirablement dévouées envers les blessés. Les plus grandes dames de Milan, de Brescia et de Novare s'empressèrent dans les hôpitaux autour des lits de nos soldats et leur prodiguèrent les soins les plus dé-

licats. On se figurerait difficilement combien les
robes de soie, les élégantes parures et surtout les
charmantes figures des patriciennes lombardes
égayaient les salles ordinairement si sombres des
hôpitaux.

Les malades oubliaient leurs souffrances en voyant
passer et repasser devant leurs yeux ravis ces
charmantes femmes au sourire si bon, à la voix si
douce et si consolante.

Aussi un zouave disait-il à un chirurgien en dési-
gnant du regard une jolie *contessina* de dix-sept ans
assise à son chevet :

— Par grâce, docteur, n'allez pas me guérir trop
vite.

Un fantassin répondait à une dame milanaise qui
le plaignait d'avoir perdu un bras : — Avec un de
vos sourires, madame, l'Italie m'a largement payé sa
dette.

Lorsque l'on sut dans l'armée quel était l'heureux
sort de nos blessés, on envia leur bonheur.

La guerre prit alors un caractère de galanterie ro-
manesque qui rappela le temps des tournois.

Le plus humble de nos soldats a des sentiments
délicats qui étonnent les étrangers; ce sont encore
des cœurs de chevaliers qui battent sous la modeste
capote grise de nos fantassins.

Un anglais (le correspondant du *Daily News*,
croyons-nous) disait à un zouave après la bataille de
Marignan :

— Aujourd'hui, comme jadis, vous êtes des géants !

Et le zouave de répondre en parodiant un mot très célèbre:

— Pourquoi pas? Rien n'est changé dans l'armée française depuis François 1er, il n'y a que la cuirasse de moins.

Les guerres d'autrefois étaient presque toujours suivies d'épidémies fort redoutées qui prenaient naissance dans les hôpitaux et se répandaient de là tout le long des lignes d'évacuation, désolant les villes après avoir décimé les ambulances.

La cause de ces épidémies et le moyen de les éviter ont été trouvés par le baron Larey, fils du célèbre chirurgien de ce nom, et digne successeur de son père à la tête du service sanitaire de l'armée.

Le baron Larrey a prouvé que, *si grand que fût un hôpital,* toutes les fois que l'on y entasserait plus de six cents malades, le typhus se déclarerait et ferait des victimes nombreuses; passé mille ou douze cents, le typhus prend le caractère épidémique.

Si nous ne craignions d'aborder des termes techniques et certains détails d'infirmerie, nous citerions quelques passages d'un rapport éminemment remarquable qui demande l'abandon des grands hôpitaux et l'établissement de maisons de santé hors de Paris aussi bien pour les civils que pour les militaires; il nous suffira de dire que le baron Larrey prouve son assertion par les faits les plus concluants.

En Italie, il a mis son système en pratique et en a obtenu les plus heureux résultats ; il a sauvé du typhus les grandes cités telles que Brescia, Milan, Novare et Gênes ; il en a préservé quinze ou vingt mille blessés.

Dans différentes villes, voici les mesures excellentes qu'il adopta. On lui offrait des hôpitaux de quinze cents lits ; il les refusa. Il choisit dans chaque cité un certain nombre de vastes bâtiments bien situés, bien aérés ; il y fit installer cent, deux cents blessés, le moins possible. Après Marignan, après Solferino même, plutôt que de dépasser ce chiffre, il improvisa d'autres infirmeries. A la fin de la campagne, il a compté les cas de typhus, il a trouvé *néant* sur les états. Autrefois on était heureux quand le quart seulement des blessés était enlevé par *cette* maladie, résultat inévitable de l'encombrement qui vicie l'atmosphère des salles. L'armée comprit quels services son médecin en chef lui avait rendus ; les soldats n'en parlent le soir autour des feux qu'avec la plus vive reconnaissance.

Les zouaves, toujours farceurs, disent que quand le typhus aperçoit dans une armée le képi du *père Larrey*, il fait immédiatement un demi tour à droite et se sauve au pas de course, tant il a peur du célèbre docteur. Comme Catinat, comme Bugeaud, comme tous ceux qui ont ménagé les soldats et les

ont aimés, le baron Larrey est devenu un de
ceux que nos troupiers désignent familièrement
sous le nom de *père un tel*. N'a pas qui veut cette
popularité.

Pendant la campagne d'Italie le nombre des médecins militaires fut plus considérable qu'en Crimée,
grâce au concours volontaire de jeunes docteurs civils dévoués qui vinrent mettre leurs talents au
service de l'armée ; nos soldats ont conservé d'eux
le meilleur souvenir, car ils étaient à la fois admirables de science, d'énergie et d'affabilité.

Parmi eux, le docteur Goupil célèbre depuis par
la fondation d'un cabinet uroscopique où s'opèrent
de merveilleuses cures, eut l'insigne honneur d'obtenir la permission de visiter Venise pendant la
guerre ; il avait ramené à Peschiera des blessés
autrichiens guéris par lui ; ces blessés firent un tel
éloge de celui qui les avait soignés, que les généraux autrichiens supplièrent le docteur Goupil de
les mettre à même de lui prouver leur gratitude. Il
demanda à visiter Venise, ce qui fut accordé. Il y
alla incognito ; mais les gondoliers, prévenus de son
arrivée, lui firent une ovation qui alarma le gouverneur : le docteur dut se retirer pour ne pas créer
des embarras à l'Autriche. La faveur dont il fut
l'objet n'en honore pas moins le corps médical
entier.

Dès que les blessés pouvaient quitter sans danger
les hôpitaux, on les disséminait aussitôt chez les

habitants; ceux-ci, loin de regarder cela comme
une charge, se faisaient inscrire longtemps à l'a-
vance pour obtenir un convalescent; des listes étaient
dressées.

— J'ai failli être écartelé, — nous disait plaisamment un chasseur à pied, — par les personnes qui
se disputaient à qui m'emmènerait chez soi.

Les aumôniers font partie jusqu'à un certain point
du personnel des ambulances; il y en a un par
division. En général, l'aumônier a une figure spé-
ciale qui en fait un prêtre tout à fait à part. La vie
des camps leur a donné l'allure brusque et franche,
le langage coloré et particulièrement pittoresque
du troupier; le gros juron d'un cavalier qui passe
ne l'effraye pas. Bref, le soldat a déteint sur lui;
c'est, au dire des zouaves, un *bon enfant*.

La plupart des aumôniers vont très-*crânement* au
feu, exerçant leur ministère sous les balles et plusieurs comptent même des traits de courage fort
brillant.

A l'Alma, le père Parabère, gêné par sa soutane,
se mit à cheval sur un canon qui allait prendre
position sur un mamelon sillonné par les boulets
ennemis.

A Icherire, un abbé dont nous ignorons le nom
soigna les blessés avec beaucoup d'intrépidité, car il
ne quitta pas l'ambulance au plus fort de l'attaque
dirigée contre elle par les Kabyles.

Malheureusement il existe parmi les aumôniers,

comme parmi les petites sœurs grises, des exceptions à la règle générale : témoin ce prêtre qui tourmenta si fort les blessés d'un hôpital d'Alger, que ceux-ci demandèrent impérieusement qu'il fût changé ; leur requête fut écoutée.

Certes cet abbé avait d'excellentes intentions ; mais, comme disaient les soldats, le ciel ne doit pas être une salle de police où l'on vous mène de force.

On est souvent porté à s'exagérer outre mesure les pertes subies par une armée. On apprend par exemple qu'à telle affaire huit mille hommes ont été mis hors de combat ; on s'imagine d'ordinaire que ces huit mille hommes sont perdus pour le pays, tandis que le quart tout au plus est sérieusement atteint.

Sur mille hommes touchés dans une bataille, il y en a cinquante à peine qui sont tués dans l'affaire même ; cinquante meurent dans les quarante-huit heures qui suivent leur arrivée à l'ambulance.

Deux cents sont amputés ; cent meurent des suites de l'opération.

Soit deux cents morts, ou le cinquième du tout.

On compte aussi un quart de blessures graves qui nécessitent une convalescence assez longue ; un quart de blessures qui, n'atteignant aucun organe essentiel, se guérissent en un mois.

Bref, sur mille hommes, il y en a deux cents qui restent sous les drapeaux tant leurs blessures sont légères ; deux cents reprennent leur rang après un mois de traitement ; deux cents autres après une période de trois à six mois.

Les *états des blessures* sont très soigneusement établis ; chaque soldat reçoit un certificat de blessure et veille à son enregistrement, qui donne droit à une augmentation de retraite.

Nous avons recueilli les faits suivants :

Une balle qui s'est logée dans l'épaule entraîne presque toujours la mort, avec cette particularité que le malade paraît se porter fort bien jusqu'au dernier moment. Un abcès se forme, crève à l'intérieur et le tue lorsqu'il jouit encore de toutes ses facultés.

Un grenadier reçut une balle dans la cuisse ; on la chercha longtemps sans la trouver ; on supposa qu'elle n'était pas restée dans la plaie, qui se cicatrisa. Cinq mois après, le grenadier, voulant mettre ses guêtres, sentit un corps rond entre cuir et chair près de la cheville : c'était la balle qui était descendue jusque-là.

Un fantassin reçut en Crimée une balle qui le jeta à terre. On le releva et on remarqua qu'il avait un trou au milieu du front. Comme il vivait encore, on le transporta à l'ambulance. Le docteur examina la blessure ; la balle n'avait pas entamé l'os. Le soldat, remis de son étourdissement, déclara qu'il ne souffrait pas et se leva.

— C'était une balle morte, — dit le docteur, — elle

n'a entamé que l'épiderme ; n'importe, tu as le crâne dur, mon garçon.

— C'est fort heureux, — répondit le soldat.

Il prit son képi sur la civière, et le mit pour s'en aller ; mais il éprouva une certaine résistance derrière la nuque. Il y porta la main et sentit la balle sous la peau du crâne.

— J'ai la cervelle traversée ! — s'écria-t-il.

Et aussitôt il s'évanouit.

Le docteur reconnut avec stupéfaction que le projectile se trouvait en effet derrière la nuque ; mais, après un minutieux examen, il fut constaté qu'il avait tourné sous la peau, autour des os du crâne sans les entamer.

Ces faits sont authentiques et bien connus du personnel des ambulances.

Nous avons décrit le rôle des officiers de santé en campagne ; nous n'avons pas parlé de leur service en temps de paix.

Les docteurs militaires viennent chaque matin à la caserne et inspectent les malades de leur régiment ; en cas d'indisposition légère, ils se contentent de les faire entrer à l'infirmerie, ordinairement établie dans l'intérieur même de la caserne ; mais lorsque l'état d'un soldat présente des symptômes inquiétants, ils le font entrer à l'hôpital.

Autant les chirurgiens ont de pitié sympathique pour les blessés du champ de bataille, autant ils semblent durs pour les hommes qui viennent

réclamer leurs soins en garnison. Cette rudesse
n'existe du reste qu'à la surface. Dès qu'un soldat
est reconnu sérieusement malade, les docteurs ont
pour lui tous les égards imaginables. Mais il est bon
que le chirurgien d'un régiment ait l'abord sévère
pour intimider les mauvais soldats qui cherchent à
esquiver les corvées et les gardes en se faisant porter
sur les listes des valétudinaires.

Il existe dans les compagnies un certain nombre
de fainéants flétris par l'épithète de *soldats d'hôpital*,
et justement odieux à leurs camarades ; ils ne visent
qu'à obtenir des convalescences et des exemptions de
service ; pour eux les docteurs sont sans pitié, et ils
ont raison.

Quand ces troupiers, — heureusement fort nom
breux, — sont rentrés dans leurs foyers, ils dépeignent sous les plus sombres couleurs la brusquerie
des médecins militaires, qui, à les en croire, seraient
des ogres.

Les bons soldats, au contraire, ne tarissent pas sur
le compte des hommes dévoués qu'il ont vus agir
sur le champ de bataille.

On peut reconnaître la valeur d'un soldat à son
opinion sur les officiers de santé. En général, les
conscrits prennent le docteur en grippe dès leur
arrivée ; on conçoit qu'un jeune homme habitué
aux douceurs de la vie de famille soit disposé à
s'écouter pour peu qu'il éprouve un léger frisson de
fièvre ou qu'il ait attrapé une courbature.

Il faut voir comment il est reçu par le docteur, dont la grosse voix le rudoie devant tout le monde et lui reproche sa faiblesse.

Le conscrit s'en va froissé ; mais il est guéri et aguerri.

Il garde d'abord rancune au médecin, auquel il finit bientôt par rendre justice.

Aux zouaves, les docteurs ont à se mettre en garde contre de fins matois qui inventent mille ruses pour ne pas assister aux inspections générales.

Chaque année, un général passe la revue d'une certaine quantité de régiments qui sont exercés auparavant à la manœuvre pendant un mois au moins ; pour cette revue on met tout en ordre, les effets, les armes, le linge, la chaussure ; on complète l'équipement d'ordonnance ; chaque soldat doit avoir ses trois brosses, sa boite à graisse, sa boite à cirage, sa trousse, son dé, quatre aiguilles, une alène, des ciseaux, du savon, du fil à raccommoder le linge, et de la ficelle poissée pour recoudre les semelles des souliers ; un morceau de cuir garni de clous pour chaussure, etc., etc., etc. Or, le zouave fera dix lieues, vingt lieues, trente lieues, — cela s'est vu, — si on le lui demande ; il campera dans la boue, fera sentinelle toute une nuit par dix degrés au-dessous de zéro ; sera toujours prêt à se mettre en route, à monter à l'assaut, et à se faire tuer enfin.

Mais, si l'on veut conserver ses sympathies, il ne faut jamais lui parler d'astiquer sa giberne.

Il a les exercices en horreur; il préfère dix batailles à deux heures de manœuvres sur un champ de Mars.

Il est fantaisiste dans son uniforme, et tient énormément aux modifications qu'il lui a fait subir. On ne lui ferait pas adopter pour un boulet de canon les courroies d'ordonnance à son havresac.

Enfin, il a sa façon particulière de rouler son turban autour de sa tête, et il ne changerait pas son mode de coiffure au prix de l'empire du Maroc.

Or, au moment de l'inspection, le colonel et les officiers, pour éviter les reproches des généraux, livrent de véritables batailles à leurs zouaves pour les forcer à se mettre à l'ordonnance une fois au moins dans l'année; ils n'y arrivent jamais qu'à moitié. Pour éviter tous ces ennuis, un grand nombre de zouaves cherchent, en désespoir de cause, à entrer à l'hôpital pour quelques jours.

Les docteurs se défient de leurs feintes maladies; mais les zouaves ont la finesse des chacals, lesquels, on le sait, sont les renards de l'Algérie. Ils emploient différents moyens pour se donner la fièvre; en voici un qui est infaillible:

Ils prennent un œuf gâté, le font cuir dur, et enveloppent quelques grammes du jaune dans des boulettes de pain qu'ils avalent.

Une heure après, ils ont un violent accès de fièvre.

D'autres avalent du tabac. Quand on les conduit vers le docteur, ils semblent sur le point d'expirer.

D'autres, en se frottant les yeux avec une certaine herbe, se procurent une ophthalmie qui dure quelques jours.

On en a vu se battre en duel et s'entendre pour se blesser, l'un au bras, l'autre à la cuisse, de façon à garder la chambre pour quelque temps.

Bref, si l'on veut le faire pâlir, on n'a qu'à lui annoncer l'arrivée prochaine du général inspecteur.

Les docteurs font tout ce qu'ils peuvent pour que leur bonne foi ne soit pas surprise ; ils emploient toutes sortes de contre ruse. Il en est un qui est resté célèbre au 2ᵉ zouave sous le nom du père Bistouri ; il imaginait les moyens les plus originaux de connaître la vérité.

Un jour, un zouave se présente à lui en boitant et en prétendant qu'il avait un nerf foulé ; au premier aspect, on pouvait le croire, car, à force de se frictionner un certain endroit du pied, il était parvenu à l'enfler considérablement.

— Mon ami, — lui dit le docteur après l'avoir examiné, — j'ai une bien bonne nouvelle à t'annoncer.

— Bah ! — fit le zouave en dressant l'oreille.

— Oui, — reprit le docteur, — une excellente nouvelle ; devine un peu.

— Est-ce que je serais passé premier soldat ?

— Mieux que cela.

— Caporal ?

— Mieux encore.

— Serais-je médaillé ?

— Mieux te dis-je.

— Décoré ?...

— Oui, mon garçon, décoré. Le colonel dicte cela au rapport, là-bas, dans la cour ; dépêche-toi d'aller entendre proclamer ta nomination.

Le zouave, oubliant son rôle de boiteux, se hâta de courir vers l'endroit indiqué ; mais le docteur le rappela quand il fut à quelque distance.

— Que voulez-vous donc ? — demanda le zouave impatient.

— Te faire infliger huit jours de prison pour avoir voulu attraper papa *Bistouri*, — répondit le docteur.

Le zouave, penaud, baissa la tête et se rendit aux casemates... sans boiter.

Une autre fois, le même docteur avait affaire à un prétendu fiévreux.

— Mon garçon, — lui dit-il, — tu m'as l'air vraiment malade, toi !

— Oh ! oui, allez, — répondit le zouave en faisant claquer ses dents l'une contre l'autre et en tremblant de tous ses membres.

— Tu sais, — reprit le docteur, — qu'il y a parmi tes camarades des individus qui cherchent à esquiver l'inspection générale ?

— Pas moi ! monsieur le docteur, pas moi !— dit le zouave en protestant.

— Je n'en doute pas ; aussi vais-je t'administrer un remède énergique qui te guérira en trois jours. Par exemple, si tu n'avais pas la fièvre, cela te tuerait net.

— Vous dites ?

— Que si tu n'avais pas la fièvre, mon remède te tuerait net.

Le zouave fit la grimace.

— Monsieur le docteur, — dit-il, — si cela ne vous faisait rien de me donner des pilules de quinine, j'aimerais mieux cela.

— Farceur, va ! — répondit le docteur.

Et il le fit conduire à la salle de police.

C'est encore ce docteur qui guérit un conscrit de la fièvre par un moyen aussi sûr qu'original. Ce conscrit n'avait pas une violente passion pour le pas gymnastique, auquel on exerce tout d'abord les jeunes gens qui arrivent aux zouaves. Pour éviter cet exercice fatigant, le conscrit vint déclarer qu'il avait la fièvre, et le docteur jugea son homme au premier coup d'œil.

— Mon ami, — lui dit-il, — tu m'inspires beaucoup d'intérêt ; je veux te guérir promptement.

— Grand merci, monsieur le docteur.

— Il n'y a pas de quoi. Dis-moi à qu'elle heure la fièvre te prend. Ne te trompe pas, surtout.

— L'accès arrive à deux heures de l'après-midi.

— Deux heures précises? Réfléchis, c'est important.

— Très-précises.

— Où est tu en ce moment là?

— Dans ma chambre. Quand je sens que la fièvre va venir, je me couche sur mon lit.

— Bon. Écoute-moi avec attention.

— Je vous écoute, monsieur le docteur.

— Nous disons donc que la fièvre vient te trouver à deux heures sur ton lit, c'est son habitude; les maladies sont comme les hommes, elles tiennent à leurs petites habitudes. Suis-moi bien. A une heure, tu sors de la chambrée, tu descends dans la cour, tu vas trouver le caporal de garde, et tu lui dis de te conduire à la salle de police, où il t'enfermera à double tour. Sais-tu pourquoi?

— Dame, non, monsieur le docteur.

— C'est facile à comprendre pourtant; la fièvre arrive à deux heures précises dans la chambrée, elle te cherche, ne te trouve pas, en s'en va vexée pour ne plus revenir. Seulement, comme elle pourrait te rencontrer dans la cour et s'en allant, je te fais entrer à la salle de police par prudence. Va, mon ami, va.

Et le conscrit s'en alla confus.

Pauvre père Bistouri! Il avait reçu six blessures au feu; il était le doyen des officiers de santé de l'Algérie; il mourut du choléra.

Nous avons décrit le premier acte du grand drame de la campagne d'Italie. Montebello, Palestro, Turbigo furent les combats qui préparèrent Magenta. Le volume où nous racontons cette bataille est sous presse; ceux de nos lecteurs qu'intéressent ces récits d'un zouave pourraient bientôt connaître les merveilleux faits d'armes de cette immortelle journée.

———

Sous presse :

MAGENTA.

—

En préparation :

SOLFERINO!

TABLE DES MATIÈRES

11.

FIN DE LA TABLE

Abbeville. — Imprimerie P. Brizz.

CATALOGUE

DE LA

LIBRAIRIE

ACHILLE FAURE

23, Boulevard Saint-Martin, 23

A PARIS

MAI 1866

NOUVELLE COLLECTION A 1 FR.

Lettres gauloises, par ULYSSE PIC.

Soirées d'Aix-les-Bains, par Mme RATAZZI.

Rien ne va plus — La Rouge et la Noire, par LÉON DE MARANCOURT.

Impressions d'un Japonais en France, par RICHARD CORTAMBERT.

Bill-Biddon-le Trappeur de Kansas, par C. DE CENDREY.

Natt-Todd-le Prisonnier des Sious, par le même.

Histoire des persécutions religieuses en Espagne, par LA RIGAUDIÈRE.

Les brigands de Rome, par EUGÈNE D'ARNOULT.

Histoire d'un Trésor, par ERNEST BILLAUDEL.

Comment on tue les femmes, par GOURDON DE GENOUILLAC.

Dictionnaire universel d'éducation, par CH. DE BUSSY.

Le roman d'un Zouave, par GRAUX.

Fables Nouvelles, par ED. GRANGER.

Les Finesses de d'Argenson, par ADRIEN PAUL.

Souvenirs d'un Zouave, campagne d'Italie par LOUIS NOIR.

La Télégraphie électrique, par PH. DAURIAC.

La France Travestie, OU LA GÉOGRAPHIE APPRISE EN RIANT.

———

Pour recevoir *franco* un des volumes de la collection à 1 franc il suffit d'envoyer à M. Achille Faure la somme de 1 fr. 20 c. en timbres poste

TABLE ALPHABÉTIQUE

DU CATALOGUE

DE LA LIBRAIRIE ACHILLE FAURE, 23, BOULEVARD SAINT-MARTIN

ANONYMES

L'Empereur à l'Institut. Une brochure in-8 1 fr.

Dieu pour tous, ou **La tolérance religieuse universelle.** Une brochure in-8. . . . . . . 1 fr·

Vive le luxe ! Réponse à M. Dupin. Une brochure in-8. . . . . 1 fr.

Plan de Paris (magnifique plan Furne), mis au courant de tous les derniers changements.
      En feuilles. . . . . 2 fr. 50
      Cartonné. . . . . 3 »
      Cartonné et collé sur toile. . . . 5 »

La France travestie, ou **la Géographie apprise en riant.** *Carte drôlatique et mnémonique,* reproduisant en vers burlesques la nomenclature exacte et complète des 92 départements de France et d'Algérie et de leurs 385 préfectures et sous-préfectures. 1 jol. volume in-18 raisin, orné d'un frontispice illustré. 1 fr.

Mémoires d'une biche anglaise. 1 charmant volume orné du portrait de l'héroïne des mémoires, photographié par Pierre Petit. . . . . 3 fr.

Une autre biche anglaise. Suite du volume précédent. . . . . 3 fr.

Mémoires d'une fille honnête, avec le portrait de l'auteur gravé sur acier, par Staal. 1 vol. . . . 3 fr.

Mémoires d'une Biche russe, 1 vol. . 3 fr.

Voyage à la lune, d'après un manuscrit authentique projeté d'un des volcans lunaires. 1 vol., avec une gravure . . . . 3 fr.

AMESEUIL (Cte)

Les Amours de Contrebande, 1 vol. 3 fr.

· ARNOULT (Eugène d')

La Guerre de Pologne en 1863, précédée d'une préface par Alfred Michiels. 1 vol. in-18 jésus 1 fr.

Les brigands de Rome. 1 vol. . . . . . 1 fr.

ASTRIÉ

Les Cimetières de Paris, guide topographique et artistique. 1 volume orné de 3 plans. . . . . 2 fr.

BARBEY D'AUREVILLY

Un prêtre marié. 2 vol. in-18 jésus. . . . . 6 fr.
Il a été tiré de ce livre quelques exemplaires papier de Hollande au prix de 18 fr.

Une vieille maîtresse. 1 vol. . . . . . 3 fr.

BARNUM

Les Blagues de l'univers, 1 vol. . . . . 3 fr.

BERGERAT (Émile).

Une amie, comédie en un acte et en vers, représentée au Théâtre-Français. . . . . 1 fr.

BILLAUDEL

La perte d'un Trésor, 1 vol. . . . . 1 fr.

La mare aux Oies, 1 vol. . . . . 1 fr.

BLANC (Casimir)

Jeanne de Valbelle, roman de mœurs intimes d'un grand intérêt. 1 volume in-18 jésus, orné de 2 gravures sur bois. . . . . 1 fr.

BLANQUET (Rosalie)

La cuisinière des ménages. 1 beau vol. cartonné . . . . 3 fr.

BONHOURE

Méthode de lecture. 1 vol. cart. . . . 0 fr. 50 c.

Premières lectures courantes. 1 vol. cart. . . . . 0 fr. 70 c.

Premières lectures instructives. 1 vol. cart. . . . . 0 fr. 90 c.

BRÉHAT (de)

Un mariage d'inclination, 1 vol. . . . 3 fr.

La Sorcière noire, 1 vol. . . . . 3 fr.

BRIDE (Charles)

L'Amateur photographe, *Guide usuel de photographie,* à l'usage des gens du monde ; manuel essentiellement pratique, orné de nombreuses vignettes explicatives, et suivi d'un abrégé de chimie photographique. . . **3 fr**

BROT

La Cousine du Roi, 1 vol. . . . . 3 fr.

BUSSY (Ch. de)

Dictionnaire de l'art dramatique. 1 vol.   4 fr.

CHALIÈRE (Louis)

Ingenio. 1 vol. in-18. . . . . 1 fr.

CHARLES (Victor)

La Béguine de Bruges. 1 vol. in-32. . . . .   1 fr

BROUCHOUD

Les origines du Théâtre de Lyon, 1 vol. in-8. imprimé avec luxe. . . . . 5 fr.

CIMINO

Les Conjurés, roman traduit de l'italien par M. Chenot. 2 vol. . . . . 6 fr.

CLARETIE (Jules)

Les Ornières de la vie. 1 volume in-18 jésus. orné de deux vignettes sur bois. . . . . 1 fr.

Voyages d'un Parisien. 1 vol. . . . . 3 fr.

Un assassin. 1 vol . . . . .3 fr.

COMETTANT (Oscar)

En Vacances. 1 beau et fort volume in-18 jésus orné de deux grandes vignettes sur bois. . . . 3 fr.

L'Amérique telle qu'elle est, voyage anecdotique de Marcel Bonneau aux États-Unis et au Canada. 1 beau volume in-18 jésus, avec deux jolies vignettes sur bois 3 fr.

Le Danemark tel qu'il est, ses mœurs, ses coutumes, ses institutions, ses musées, souvenirs de le guerre, etc. 1 vol. . . . . 4 fr.

Un petit rien tout neuf. 1 vol. in-18 jésus. 3 fr.

CONTY (DE)

Paris en poche. Guide pratique dans Paris, illustré de nombreuses gravures. Un volume cartonné . . . 4 fr.

Londres en poche. Guide pratique du voyageur à Londres. 1 volume cartonné. . . . . 4 fr.

Plan de Londres, Guide indicateur instantané. 1 fr. 25

Les bords du Rhin en poche. Guide pratique et illustré. 1 volume cartonné. . . . . 5 fr.

Guides pratiques des voyages circulaires, rédigés sous les auspices des Compagnies.

    Belgique et Hollande. . . . . . . 2 fr. 50

    Belgique. . . . . 2 fr. 50

    Bords du Rhin. . . . . 2 fr. 50

    L'Oberland Bernois. . . . . . . 2 fr. 50

    La Suisse et le duché de Bade. . . 2 fr. 50

    Bruxelles. . . . . 2 fr. »

CORTAMBERT (RICHARD)

Impressions d'un Japonais en France 1 vol. in-18 jésus. . . . . 1 fr.

Aventures d'un Artiste dans le Liban 1 vol. . . . . 3 fr.

CRAMPON

La Bourse, guide du spéculateur. 1 vol. . . . 3 fr.

DASH (Ctesse)

Le Chien qui sème des Perles. 1 vol 3

DAURIAC

La Télégraphie électrique, son histoire, ses applications en France et à l'étranger, suivie d'un tableau des tarifs internationaux et d'un manuel pratique de l'expéditeur de dépêches 1 vol. in-18 jésus. . . . . . 1 fr.

DELVAU

Françoise. 1 joli volume in-32 jésus, avec une eau-forte de Thérond. . . . . 1 fr. 50

Il a été tiré de ce livre 22 exemplaires numérotés, sur papiers de Chine et de Hollande.

Le grand et le petit Trottoir, 1 vol. . 3 fr.

Du pont des Arts au pont de Khel, 1 vol. 3 fr.

Le fumier d'Ennius. 1 vol. in-18 jésus, avec une eau-forte. . . . . 3 fr.

Il a été tiré de ce livre deux exemplaires sur papier de Hollande à 8 fr.

DESCODECA DE BOISSE

Louis de France (Louis XVII), poëme épisodique suiv
de documents historiques et justificatifs. 1 beau volume
in-18, imprimé à l'imprimerie Impériale. . . .   7 fr. 50

DESLYS (Charles)

Les bottes vernies de Cendrillon. 1 vol. 3 fr.

DUSOLIER (Alcide)

Nos gens de lettres, *critiques et portraits littéraires*.
1 vol. in-18 jésus. . . . .   1 fr.

EMMANUEL

De la Madeleine à la Bastille, vaudeville en un
acte. . . . .   1 fr.

ÉNAULT (Étienne)

Scènes dramatiques du mariage. 1 vol in-18
jésus. . . . .   3 fr.

ÉNAULT (Étienne) et Louis JUDIUS

L'Homme de minuit 1 vol. . . . .   3 fr.

EYMA (Xavier)

La mansarde de Rose. 1 vol. . . . . .   3 fr.

FEUTRÉ (Angély)

Une voix inconnue. 1 volume. . . . . . . 2 fr. 50
Le passe-port d'un inconnu, 1 vol. . 3 fr. 50

FÉVAL (Paul)

Les Mystères de Londres, 2 vol. . . . 6 fr.
L'Homme de fer, 1 vol. . . . . 3 fr.

GAGNEUR

La Croisade noire. 1 fort volume in-18 jésus. 3 fr. 50

GONZALÈS (Emmanuel)

Les Sabotiers de la forêt Noire. 1 vol. in-18
jésus, orné de deux vignettes. . . . . 3 fr.
Les sept baisers de Buckingam. 1 vol. in-18
jésus. . . . . 3 fr.

GOUDAL (Louis)

L'Hermine de Village, 1 vol. . . . . . . 3 fr.

GOURDON DE GENOUILLAC

Comment on tue les femmes. 1 vol. in-18 jésus 1 fr.

GRANGER (Ed.)

Fables nouvelles. 1 vol. in-18 jésus. . . . . 1 fr.

GRAUX

Le roman d'un Zouave, 1 vol. . . . . . . , 1 fr.

GRAVILLON (Arthur de)

A propos de bottes. 1 vol. in-8, avec 85 vignettes
et une eau-forte. . . . . 3 fr.

J'aime les morts. 1 vol. imprimé par Perrin de Lyon.
. . . . 6 fr.

GUIGNOL (Théatre de)

Un beau vol. in-8° imprimé avec luxe par Perrin de Lyon,
. . . . 10 fr.

HALT (Robert)

Une Cure du docteur Pontalais. 1 vol.   3 fr.

HILLEMACHER

La Troupe de Voltaire, 1 vol. . . . . . 40 fr.
La Troupe de Talma, 1 vol. . . . . . 40 fr.

HOCQUART

Le Vétérinaire pratique, traitant des soins à donner aux chevaux, aux bœufs, aux moutons, aux chiens,
et en général à tous les animaux de basse-cour ; 6° édit.,
revue et augmentée . . . . 3 fr.

La tenue des livres pratique, 1 fort volume in-12.
. . . . 3 fr.

JOLIET (Ch).

Le Médecin des dames. 1 vol . . . . . . 3 fr.

Roman de deux jeunes mariés, 1 vol.   3 fr.

KOCK (Henri de)

Les Mémoires d'un cabotin, 1 vol. . . .

. . . . 3 fr.

La Voleuse d'amour. 1 vol., avec 5 grav. .   3 fr.

Les Accapareuses. 1 vol., avec 2 grav. . .   3 fr.

La Nouvelle Manon. 1 vol . . . .

. . . . 1 fr.

Guide de l'amoureux à Paris. 1 vol., avec une
gravure. . . . . 1 fr.

Le Roman d'une femme pâle. 1 vol., avec une
eau forte de F. Hillemacher . . . . 3 fr.

Les Petites Chates de ces Messieurs. 1 vol.
in-18 Jésus, avec une gravure. Nouvelle édition. . 1 fr.

L'Amour bossu. Nouvelle édition . . . . . . 1 fr.

LACRETELLE (Henri de)

Le Colonel Jean, 1 vol. . . . . 1 fr.

LAMARTINE

Recueillements poétiques. 1 vol. in-8.   1 fr. 50

—   —   1 vol. in-18 jésus.   1 fr.

LARCHER

Un dernier mot sur les femmes. 1 vol. in-32
jésus. . . . . 0 fr. 75

LECOMTE

Mademoiselle Déjazet, 1 vol. . . . . . . 1 fr.

Frédérick Lemaître, 1 v l. . . . . 1 fr.

LEFEUVE

**Les anciennes Maisons de Paris sous Napo-
léon III,** 60 livraisons réunies en quatre beaux vol.
snivis d'une table de concordance. . . . . . 20 fr.

Tome V⁰, formant le complément et la fin de l'ouvrage. 5 fr.

LÉO (ANDRÉ)

Un Mariage scandaleux. 1 volume. . . . . 3 fr.

Une vieille Fille. 1 vol. in-18 jésus, avec une vignette.
. . . . 2 fr.

Les deux Filles de M. Plichon. 1 vol. . 3 fr.

Jacques Galéron. 1 vol. . . . . 1 fr. 50

**Observations d'une mère de famille à
M. Duruy.** Brochure in-18. . . . . 1 fr.

LÉO LESPÉS (TIMOTHÉE TRIMM)

Avant de souffler sa bougie. 1 vol. in-18 jésus.
. . . . 3 fr.

Spectacles vus de ma fenêtre, 1 vol. 3 fr.

LESCURE (M. DE)

Les Amours de Henri IV. 1 beau et fort vol. in-18 orné de quatre beaux portraits historiques, dessinés par Boullay et Eug. Forest, d'après des originaux du temps.   4 fr.

Il a été tiré de ce livre cent exemplaires de luxe numérotés. Il reste à vendre seulement quelques exemplaires sur vélin, à 8 fr.

Les Amours de François Iᵉʳ. 1 vol. avec une eau-forte . . . . , . . . 3 fr.

Il a été tiré de ce livre dix exemplaires numérotés (1 à 10) sur chine, à 20 fr. dix (11 à 20 sur papier de Hollande, à 18 fr. quarante (21 à 60) sur beau jésus vélin, à 6 fr.

Lord Byron. 1 vol. . . . . 3 fr.

LOTHIAN (MARQUIS DE)

La Question américaine. 1 vol. in-8. . .   6 fr.

MALO (CH.)

Femmes et Fleurs. rose à douze feuilles, *petites photographies badines.* 1 très-joli volume in-32 jésus 1 fr. 50

MARANCOUR (DE)

Rien ne va plus. La Rouge et la Noire. in-18 Jésus . . . . 1 fr.

Confessions d'un commis-voyageur. .   3 fr.

MARCHEF GIRARD (Mˡˡᵉ)

Des facultés humaines et de leur développement par l'éducation. 1 vol. in-8. . . . . 7 fr. 50

MARESCHAL

Le coffret de Bibliane. 1 vol. de Nouvelles 1 fr. 50

MARGRY (Pierre)

Belin d'Esnambue et les Normands aux Antilles. 1 vol. in-8 . . . . 2 fr. 50

MARX (Adrien)

Romans du Wagon, 1 vol. . . . . 3 fr.

MIE D'AGHONNE

Le Mariage d'Annette. 1 vol. . . . . . . 3 fr.

MINORET (Eugène)

L'Oraison dominicale. 1 vol. in-32 jésus, imprimé avec luxe par Perrin, de Lyon. . . . . 4 fr.

MOLÉRI

La Terre promise. 1 vol. *(Sous presse)*. . . 3 fr.

MOLIÈRE

Nouvelle édition imprimée par Perrin, de Lyon, avec une eau-forte en tête de chaque acte. 6 vol. à 20 fr. chaque.

Les tomes 1 et 2 sont en vente

MONSELET (Ch.)

De Montmartre à Séville. 1 vol. . . . . . 3 fr.

Portraits après décès, 1 vol. . . . . . . 3 fr.

MONTEMERLI (Comtesse Marie)

Entre deux Femmes. 1 vol. in-18 jésus . . 3 fr.

NADAUD

Chansons; nouvelle édition contenant toutes les nouvelles chansons. 1 vol in-18 jésus. . . . . 4 fr.

NOIR (Louis)

Souvenirs d'un Zouave, 1 vol. . . . . . fr.

NOIRIT (Jules)

Haydée. 1 vol. . . . . 3 fr.

OLLIVIER (Raoul)

Séduction. 1 vol. in-18 jésus. . . . . 1 fr.

PAUL (Adrien)

Les Finesses de d'Argenson. 1 vol. in-18 jésus orné de deux vignettes sur bois. . . . . . . 1 fr.

Nicette. 1 vol . . . . 1 fr.

Thérésa. 1 vol. . . . . 1 fr.

PAYA (Ch.)

Les Cachots du Pape. 2e édition. 1 vol. in-18 jésus.
. . . . 1 fr.

PIC (Ulysse)

Lettres gauloises. 1 vol. in-18 jésus. . . . . 1 fr.

PONSON DU TERRAIL

Le Trompette de la Bérésina. 1 vol. . 3 fr.

POUCEL (Benjamin)

Les Otages de Durazno, souvenirs du Rio de la
Plata in-8 . . . . 6 fr.
Mes Itinéraires au Rio de la Plata. Une brochure in-8.
. . . . 1 fr.

POUPILLIER

Une ode de Sapho, 1 vol in-8°. . . . . . 2 fr.

POUPIN (Victor)

Un Chevalier d'amour. 1 vol. in-18 Jésus . 3 fr.
Un mariage entre mille. 1 vol. . . . . . 1 fr.
Un bal à l'Opéra, 1 vol.. . . . . 1 fr.

POURRAT

Vercingétorix. Étude dramatique en prose et en vers.
1 vol. . . . . 3 fr.

PRUDHOMME SULLY

Stances et poèmes. 1 volume de poésies. . 3 fr.

RAMBAUD

Une parvenue, 1 vol. . . . . 3 fr.

RAMBAUD ET COULON

Les Théâtres en robe de chambre 1 vol. 1 fr.

RATAZZI (Mme née DE SOLMS)

Les Soirées d'Aix-les-Bains. 1 vol. . . 1 fr.

RÉAL (ANTONY)

Les Francs-Routiers. 1 vol. . . . . . . 1 fr.
Les Tablettes d'un forçat, 1 vol. . . . . 1 fr.

RÉNÉ ET LIERSEL

Traité de la chasse et de la pêche. 1 vol. in-12.
. . . . 2 fr.

REYNOLDS.

Les Mystères de la cour de Londres, 1 vol. fr.
Fernanda, 1 vol. . . . . 3 fr.

RIGAUDIÈRE

Histoire des Persécutions religieuses en Espagne. 1 vol. . . . . 1 fr.

ROSSIGNOL   (Léon)

Lettres d'un mauvais jeune homme à sa Nini, 1 vol. . . . . 3 fr.

ROSTAND

Ebauches, 1 vol. de poésies. . . . . 4 fr.

ROUSSELON

Le Jardinier pratique, 1 fort vol. in-18 jésus de 536 pages, avec 200 vignettes. . . . . 3 fr.

SÉGALAS (Mᵐᵉ Anaïs)

Les Mystères de la maison. 1 vol. in-18 jésus. 3 fr.

STAPLEAUDE

Le Roman d'un fils, ... 3 fr.
Le château de la rage, ... 3 fr.

VALLÈS (Jules)

Les Réfractaires. . . . . 3 fr.

La rue, 1 vol.. . . . . 3 fr.

VIGNEAU

Une fortune parisienne, 1 vol . . . . . 3 fr.

WAILLY (Jules de)

La Vierge folle. 1 vol.in-18 jésus . . . . . 3 fr.

La Voisine, comédie en un acte et en vers, représentée
au Gymnase-Dramatique . . . . 1 fr.

M. Faure expédiera ses publications en compte à MM. les libraires qui lui en feront la demande, et prendra note, s'ils le désirent, de leur adresser ses nouveautés d'office, avec faculté de retour et d'échange.

Pour recevoir *franco* par la poste l'un des ouvrages indiqués sur le présent Catalogue, il suffit d'en envoyer le montant en une valeur sur Paris ou en timbres-poste, en ajoutant 20 centimes pour le port des volumes à 1 franc.

à M. ACHILLE FAURE, libraire, Boulevard Saint-Martin, 23, à Paris

Remises exceptionnelles et très-avantageuses pour tous les libraires.

Abbeville. — Imprimerie P. Briez

www.ingramcontent.com/pod-product-compliance
Lightning Source LLC
Chambersburg PA
CBHW070613100426
42744CB00006B/469